本学术专著获北华航天工业学院博士科研启动基金资助

U0615888

制度、劳动力与区域一体化

Institutions, Labour and Regional Integration

阎晓莹／著

经济管理出版社

ECONOMY & MANAGEMENT PUBLISHING HOUSE

图书在版编目（CIP）数据

制度、劳动力与区域一体化/阎晓莹著 . —北京：经济管理出版社，2021. 9
ISBN 978 - 7 - 5096 - 8241 - 8

Ⅰ . ①制…　Ⅱ . ①阎…　Ⅲ . ①劳动力市场——一体化—研究—中国　Ⅳ . ①F249. 212

中国版本图书馆 CIP 数据核字（2021）第 190326 号

组稿编辑：赵天宇
责任编辑：赵天宇
责任印制：黄章平
责任校对：王淑卿

出版发行：经济管理出版社
　　　　　（北京市海淀区北蜂窝 8 号中雅大厦 A 座 11 层　100038）
网　　址：www. E - mp. com. cn
电　　话：（010）51915602
印　　刷：唐山玺诚印务有限公司
经　　销：新华书店
开　　本：720mm × 1000mm/16
印　　张：12. 25
字　　数：177 千字
版　　次：2021 年 10 月第 1 版　　2021 年 10 月第 1 次印刷
书　　号：ISBN 978 - 7 - 5096 - 8241 - 8
定　　价：88. 00 元

前　言

改革开放 40 余年，我们的国家在经济、政治、科技、文化等多个领域都取得了举世瞩目的成就。2020 年，我们不仅见证了中国全面建成小康社会的辉煌成就，而且经受住了全球新冠肺炎疫情的冲击，并主动开展国际抗疫合作，体现了一个负责任的大国担当！但我们也应当看到，国家的经济建设还有一些遗留问题亟待解决，如地区性行政垄断、要素市场分割，以及产业投入产出效率失衡等。种种迹象表明，中国的市场化改革距离完成仍有很长的路要走。随着资源环境对经济发展的约束增强，我们迫切地需要通过优化要素配置来提高经济增长效率。

不过，在区域发展极不均衡的情况下立即全面放开产品和要素市场，势必会造成更大的社会矛盾。而区域一体化恰好是实现地区之间由分割向融合过渡的好办法——在经济上，区域均衡发展，能够在一定程度上降低因市场垄断、结构失衡、市场分割等因素造成的高昂的交易费用；在政治上，区域一体化则有助于实现发达地区带动欠发达地区共同发展，是解决当前中国社会主要矛盾的重要途径之一，是推动高质量发展的重要战略举措。

其实早在中华人民共和国成立初期，就曾经尝试过区域协同发展。时至今日，一体化建设仍然处在进行时阶段，取得了很多成就，也有许多困惑尚待解开。

所以，这本书是一些关于一体化建设的思考和讨论。

出于个人偏好，笔者不希望用过于严肃的文字来记录和展示自己的思考，尽管一体化本身是个很严肃的话题。当然，在学术家眼中，这种做法颇有掩饰个人学艺不精的嫌疑。

尽管笔者不避讳地承认的确有这方面的原因，但是，笔者更加希望通过这些通俗的文字，让这段记录更加贴近现实，更容易被读者感知，或许更能够引发些许共鸣。

在文字的安排上，本书的内容分成了三大部分，共九章。

第一章，问题的提出。通过简单回溯早期区域一体化的历史，借助图表和数字展示建设成就的同时，也提出区域一体化建设中出现的困惑——当前的城市群还存在许多问题，最典型的如中心城市的大城市病、成员城市的人口流失，之所以出现这些与一体化目标相背离的现象，原因究竟是什么？后续七章的内容都将用来回答这个问题，并在最后一章中给出笔者的答案。

第二章，对一体化内涵的解读。这部分内容是城市群建设的理论依据，主要回答了一体化产生的原因和所涵盖的主要内容。其中，重点讨论了城市间建立联结的依据与形式、区域一体化和一体化的关系，以及政府在一体化进程中所扮演的角色。从形式上看，我们的确是按照基础理论在建设城市群，为什么会遭遇瓶颈呢？答案将在第三章揭晓。

第三章，对一体化建设背景的介绍。这部分内容主要从制度层面回答一体化受阻的原因。制度的存在，本意是要降低经济活动中的交易成本，但正如市场存在缺陷一样，制度也绝不是万能的。尤其是不同时期对制度的选择，在当时看来理所应当的行为，可能会为新的问题埋下隐患。在对制度的不断选择中，地区差距、市场分割、行政壁垒，诸如此类的问题持续发酵，最终成了阻碍生产要素优化配置的拦路虎。这部分看似已经找到了症结所在，那么破解难题的方法就该呼之欲出了吧？别忙，并没有那么简单。

第四、五、六章是关于人的讨论。主要从劳动要素的角度观察一体化受阻的原因。乍一看，似与上下文无关的闲笔竟然占据了这么重要的位置，还花费了如此多的篇幅。区域一体化难道不应当关注经济融合、产业聚集、协同发展这些问题吗？我们不妨换个角度想一想——人是一体化的建设者，也是一体化成果的终极享用者，与人有关的活动，本不应该缺少对人的观察。这部分内容从"人"这个本体的角度出发，而不仅是将其视作提供劳动的生产要素，讨论了人口流动对迁入地产生的结果，廓清了几个关于外来人口的误区。希望借助一个新的视角，为解决那些始终困扰建设者的问题提供一点新的思路——那么多城市都在"抢人"，而劳动力却钟情于少数城市；超大型的中心城市想方设法"疏解"，而劳动力却仍热衷于"聚集"，这种效果与政府的要素配置思路背道而驰，劳动者心里想的是什么？

第七章，从制度选择的角度对区域融合的重新审视，主要回答作为一种制度变迁过程，一体化的行为主体、行为模式和可能产生的结果。这部分内容从更一般的角度看待区域一体化，为发现区域融合过程中不容易察觉却会对结果产生重要影响的各种问题提供理论依据。

第八章，基于第七章的理论，围绕几个关键问题展开分析。此时再来讨论经济一体化、交通通信一体化和公共服务一体化，尤其是以人的视角来看待这些内容，就不再简单地局限于"是什么"，而是"应当怎样"。这部分内容挑选了几个对城市群意义重大的点，就当前研究中存在的分歧进行了讨论。

第九章，给出一个算是解决方案的结论，这也是本书最想向读者展示的部分。当我们把一体化看成一个经济问题时，一体化是为了推进市场化建设，为了区域内生产要素优化配置，为了获得新的经济增长。但这不应当成为一体化的终极目标。因为经济增长还有它的终极目的，就是为了让我们的人民能过上更好的生活。一旦选择了以人为本的视角，整个问题的样貌就变得不大一样了。

在讨论过程中，用了很多个问句和很多个"但是"，因为笔者发现很多看似理所应当的背后，或多或少都存在需要深入探讨的地方。例如，城市群一定要有中心城市吗？中心城市是一体化的主导者吗？一体化就是疏解中心城市的非核心功能吗？这些问题的答案直接关系到我们的建设态度和前行方向，进而作用于最终建设结果。另外，本书还用了很多个"所以"，因为笔者想通过罗列的证据来说服读者认同笔者的观点。

希望此书为我们思考未来城市群一体化提供一些新的思路，也希望此书的内容有助于促进对市场化改革等相关问题的讨论。

阎晓莹

2021 年 6 月 30 日于北京

目　录

下篇　区域融合之路

上 篇

区域分割之困

第一章　一体化的四十之惑：
一个讨论的框架

"喂，文物局吗？我们是 6 号线啊，我们盾构机挖到了一个墓，你们来看看吧？"

"墓志铭你们看得懂吗？哪个朝代的？"

"看得懂，好像是清朝一个大地主的。"

"墓填掉吧，记得把里面东西拿编织袋装喽，过几天我们这边 4 号线的鉴定完就去收。"

"啥？好歹是个古墓，你们咋能这么不负责任呢！"

"同志哥，我们 4 号线这边汉代司马墓还没清理干净呢，5 号线那边又挖出来个唐代节度使，7、8 号线还有俩公主排队呢，我们人都快忙疯了，你这地主，实在规格不够啊。"

这是网上曾经流传的一则笑话，笑话的主角，是有着厚重历史积淀的十三朝古都——西安。

有网友戏称，西安是一个能让摸金校尉"996"的城市。汉代的司马、唐代的节度使、两个公主墓，还有咸阳机场扩建工程中发现的 3500 多座古墓和

4600 多处文化遗迹，这背后折射出的是西安这座城市无法被时间淹没的历史积淀和在西北地区无可替代的核心地位。"汉唐气象，万国来朝"，西安作为中华文明的重要发祥地和古丝绸之路的起点，无疑是中国历史上最为重要的政治、经济和文化中心。正因如此，这座城市在 2018 年的新年钟声里，终于迎来了自己在中华人民共和国成立之后的又一个春天。

2018 年 1 月 9 日，国务院正式批复了由国家发展和改革委员会、住房和城乡建设部提交的《关中平原城市群发展规划》，提出了"建设西安国家中心城市"的目标。这不仅标志着西安正式跻身于"国家中心城市"之列，也标志着中国第 7 个国家级城市群的建设正式开始①②。"十三五"时期拟建设的 19 个城市群如表 1 - 1 所示。

表 1 - 1 　"十三五"时期拟建设的 19 个城市群

序号	城市群名称	中心城市	成员城市
1	天山北坡	乌鲁木齐市	昌吉市、米泉市、阜康市、呼图壁县、玛纳斯县、石河子市、沙湾县、乌苏市、奎屯市、克拉玛依市
2	哈 长	哈尔滨市、长春市	黑龙江省的大庆市、齐齐哈尔市、绥化市、牡丹江市、长春市、吉林市、四平市、辽源市、松原市、延边朝鲜族自治州
3	辽中南	沈阳市、大连市	鞍山市、抚顺市、本溪市、营口市、辽阳市、铁岭市、盘锦市
4	呼包鄂榆	呼和浩特市	包头市、鄂尔多斯市、榆林市
5	京津冀	北京市、天津市	张家口市、承德市、秦皇岛市、唐山市、沧州市、衡水市、廊坊市、保定市、石家庄市、邢台市、邯郸市、定州市、辛集市、安阳市

---

① 在西安之前，已经获批的 8 座国家中心城市分别是：北京市、上海市、广州市、重庆市、天津市、武汉市、成都市和郑州市；在关中平原城市群之前形成的 6 个获得国务院批复的国家级城市群分别是：长江中游城市群、哈长城市群、成渝城市群、长江三角洲城市群、中原城市群和北部湾城市群。

② 关中平原城市群规划范围包括陕西省的西安市、宝鸡市、咸阳市、铜川市、渭南市、杨凌农业高新技术产业示范区，以及商洛市的商州区、洛南县、丹凤县、柞水县；山西省的运城市（除平陆县、垣曲县）、临汾市的尧都区、侯马市、襄汾县、霍州市、曲沃县、翼城县、洪洞县、浮山县；甘肃省的天水市，以及平凉市的崆峒区、华亭县、泾川县、崇信县、灵台县和庆阳市。

续表

序号	城市群名称	中心城市	成员城市
6	宁夏沿黄	银川市	银川市、石嘴山市、吴忠市、中卫市、平罗市、青铜峡市、灵武市、贺兰市、永宁市、中宁市
7	晋　中	太原市	晋中市
8	兰　西	兰州市、西宁市	白银市白银区、平川区、靖远县、景泰县，定西市安定区、陇西县、渭源县、临洮县，临夏回族自治州临夏市、东乡族自治县、永靖县、积石山保安族东乡族撒拉族自治县，海东市，海北藏族自治州海晏县，海南藏族自治州共和县、贵德县、贵南县，黄南藏族自治州同仁县、尖扎县
9	山东半岛	济南市、青岛市	烟台市、淄博市、潍坊市、东营市、威海市、日照市
10	关中平原	西安市	宝鸡市、咸阳市、铜川市、渭南市、杨凌农业高新技术产业示范区及商洛市的商州区、洛南县、丹凤县、柞水县、运城市（除平陆县、垣曲县）、临汾市的尧都区、侯马市、襄汾县、霍州市、曲沃县、翼城县、洪洞县、浮山县、天水市、平凉市的崆峒区、华亭县、泾川县、崇信县、灵台县和庆阳市
11	中　原	郑州市	开封市、洛阳市、南阳市、安阳市、商丘市、新乡市、平顶山市、许昌市、焦作市、周口市、信阳市、驻马店市、鹤壁市、濮阳市、漯河市、三门峡市、济源市、长治市、晋城市、运城市、邢台市、邯郸市、聊城市、菏泽市、淮北市、蚌埠市、宿州市、阜阳市、亳州市
12	长三角	上海市	南京市、无锡市、常州市、苏州市、南通市、扬州市、镇江市、盐城市、泰州市、杭州市、宁波市、温州市、湖州市、嘉兴市、绍兴市、金华市、舟山市、台州市、合肥市、芜湖市、马鞍山市、铜陵市、安庆市、滁州市、池州市、宣城市
13	长江中游	武汉市、长沙市、南昌市	黄石市、鄂州市、黄冈市、孝感市、咸宁市、仙桃市、潜江市、天门市、襄阳市、宜昌市、荆州市、荆门市、株洲市、湘潭市、岳阳市、益阳市、常德市、衡阳市、娄底市、九江市、景德镇市、鹰潭市、新余市、宜春市、萍乡市、上饶市、抚州市、吉安市部分地区
14	成渝地区	成都市、重庆市	自贡市、泸州市、德阳市、遂宁市、内江市、乐山市、南充市、眉山市、宜宾市、广安市、资阳市、绵阳市、达州市、雅安市部分地区

序号	城市群名称	中心城市	成员城市
15	黔 中	贵阳市、贵安新区	遵义市、毕节市、安顺市、黔东南州、黔南州
16	海峡西岸	温州市、福州市、厦门市、泉州市、汕头市	莆田市、漳州市、三明市、南平市、宁德市、龙岩市、丽水市、衢州市、上饶市、鹰潭市、抚州市、赣州市、潮州市、揭阳市、梅州市
17	滇 中	昆明市	曲靖市、玉溪市、楚雄彝族自治州、红河哈尼族彝族自治州北部的蒙自市、个旧市、建水县、开远市、弥勒市、泸西县、石屏县
18	珠三角	香港市、澳门市、广州市、深圳市	佛山市、东莞市、中山市、珠海市、江门市、肇庆市、惠州市
19	北部湾	南宁市	北海市、钦州市、防城港市、玉林市、崇左市、湛江市、茂名市、阳江市、海口市、儋州市、东方市、澄迈县、临高县、昌江县

一、城市群的美好时代

与20世纪60年代就已经进入稳定发展阶段的伦敦、纽约和东京城市群相比，中国的城市群建设起步较晚。改革开放之后，东部和东南沿海地区陆续出现了城市一体化萌芽，并初步形成了三大城市经济圈，即以上海为中心的长江三角洲城市经济圈、以广州和深圳等为代表的珠江三角洲城市经济圈，以及以北京、天津为中心的环渤海城市经济圈。随着中国经济发展逐渐步入快车道，建设城市经济圈的设想从沿海地区扩散到内陆地区，其中不乏经济欠发达城市。在以福州和厦门为核心的海峡西岸城市群规模初显的时候，云南、贵州和四川三省先后提出建设城市经济圈的构想。西部大开发战略带动了成都和重庆，使之迅速成为国家统筹城乡综合配套改革试验区；中部崛起战略推动武汉城市圈、湖南长株潭城市群成为全国资源节约型和环境友好型社会建设综合配套改革试验区。此后，一大批区域性甚至次区域性的城市经济圈崭露头角，将中国的城市化进程推向了一个新的阶段。

遗憾的是，由于缺乏顶层设计，中国的城市一体化建设速度一直比较缓慢。即便是发育最早的长江三角洲城市群（以下简称"长三角"），在很长一段时间里，都没能形成比较优势互补、空间结构均衡的协同发展态势。

直到国家"十二五"规划纲要明确提出"以大城市为依托，以中小城市为重点，逐步形成辐射作用大的城市群，促进大中小城市和小城镇协调发展"，城市群建设才算正式有了抓手。

到了"十三五"时期，国务院又进一步提出要在"十三五"期间建设 19 个城市群。如图 1－1 所示，2015～2020 年，包括 2018 年建设的关中城市群在内，国务院先后批复了 11 个跨省国家级城市群的发展规划①。京津冀一体化、长三角一体化、粤港澳大湾区这三个"老牌"城市群（以下简称"三大城市群"）建设先后上升为国家战略，成为国家区域战略的重要组成部分②。至此，城市群建设才被正式提上日程。此后，"城市群建设""区域一体化""协同发展"这些词组几乎在每一年的重要会议上都会被提及。

看到国家如此密集地设立城市群，如此重视城市群的建设，我们不禁要问，这些城市群的形成对国家社会和经济发展究竟意味着什么？对于刚刚开始建设国家中心城市的西安和它在关中平原的小伙伴们，等待它们的，又将会是怎样的命运？

---

① 除了正文中提到的 11 个城市群，已确立的国家级城市群还包括辽中南城市群和山东半岛城市群。由于这两个城市群是省域内城市群，因此不需要国务院批复。
② 粤港澳大湾区的前身就是 1994 年确立的珠三角经济区。

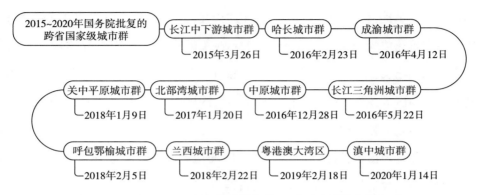

图 1 - 1　2015～2020 年国务院批复的 11 个跨省国家级城市群

注：作者根据国家批复时间的先后顺序整理而成。

要回答这个问题，我们可能需要先将视线转向上海，因为那里不仅是中国最重要的经济中心，也是国内城市群建设最先开始的地方。

1. 赢在起跑线上的长三角

彼时的上海，凭借优越的区位条件和发展基础，早已跻身国际大都市行列，成为东亚工业、商贸和金融中心。中华人民共和国成立之后，上海在较短时间内完成了经济秩序的重建，重新成为工业总产值全国第一的城市和华东地区的物资集散中心。随后，中共中央上海局组织江苏、浙江、安徽、江西、福建和上海召开了五省一市经济协作会议，希望能够在国家统一计划领导下，通过地区之间的相互帮助、相互支援实现地方经济的快速发展。

1958 年，作为新中国区域一体化最早的雏形，华东境内及协作区正式建立[①]。由于中共中央华东局的驻地在上海，上海市委书记往往兼任华东第一

---

① 华东境内及协作区成立后，东北、华北、华中、中南、西南和西北六大协作区也先后成立。1961 年，中央为了加强对区域性经济体系的领导，将这七个协作区调整为东北、华北、华东、中南、西南和西北六大经济协作区。此后，各个协作区在工业生产、交通运输和文化教育等多个领域开展了区内和区域之间的大协作。

书记，整个长三角都在其管辖范围内，因此华东经济协作委员会基本上是以上海市为中心，展开区内协作的，区内的资源被源源不断地调配至上海①。

1960 年，由中国自行设计和建造的第一艘国产万吨级远洋货轮"东风号"在上海江南造船厂正式下水。

1963 年，上海吴泾化工厂作为中国第一个自行设计和施工的大型氮肥厂，正式投入生产。

1965 年，上海陆续组建了烟草、医药、橡胶和纺织机械这 4 家全国性的托拉斯公司以及轻工业机械公司、标准紧固件工业公司和丝绸工业公司这 3 家地方性的托拉斯。

诸多成就奠定了上海国内工业中心的地位：钢材、机床、棉纱均占全国生产能力的 1/4，缝纫机占 1/3，手表占 9/10。"上海制造"的"三转一响"② 更是成了备受消费者青睐的金字招牌。

1982 年，全国人大五届五次会议通过了《关于第六个五年计划的报告》，确定编制以上海为中心的长江三角洲的经济区规划。上海经济区在改革开放后又一次成为第一个跨省经济协作区。由此，中国城市群建设的大幕正式重启。

设立之初的长三角并不完全包括现在的 27 个城市，而是只有图 1-2 上的 10 个城市③。从图上不难看出，整个长三角的 GDP 在持续增长的同时，在全国的占比总体上也呈现出不断上升的态势。1991 年，长三角的 GDP 占全国 GDP 的 9.45%，到了 2019 年，这个数字已经超过了 11%。可不要小看这一增长，

---

① 郭继. 上海与长三角一体化发展历史回顾［J］. 党政论坛，2018，405（12）：12-15.

② 三转一响：又被称作"四大件"，是中国在 20 世纪 50 年代后期诞生的名词，指的是当时国家有能力生产的、为各个家庭所希望拥有的四件生活用品——收音机、自行车、缝纫机及手表。

③ 2016 年，国务院批复的长江三角洲城市群包括上海、南京、无锡、常州、苏州、南通、扬州、镇江、盐城、泰州、杭州、宁波、温州、湖州、嘉兴、绍兴、金华、舟山、台州、合肥、芜湖、马鞍山、铜陵、安庆、滁州、池州、宣城。

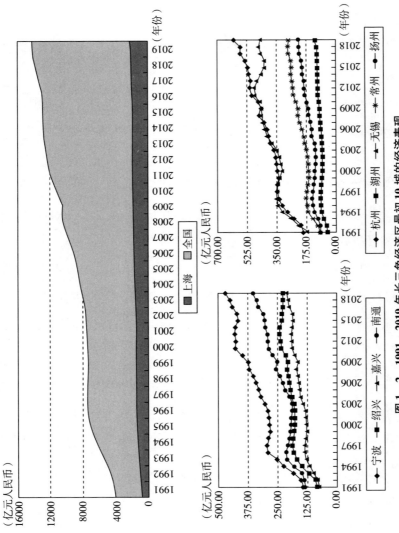

图 1-2 1991～2019 年长三角经济区最初 10 城的经济表现

注：各城市顺序依图例从前向后排列，最前面的是湖州的 GDP 数据，最后为全国数据。

资料来源：图中 GDP 原始数据来自各地历年《统计年鉴》《经济统计年鉴》和《中国城市统计年鉴》。以 1990 年为基期，上海 GDP 使用对应时期上海市 GDP 平减指数处理；杭州、宁波、湖州和绍兴 GDP 使用对应时期浙江省平减指数处理；无锡、南通、常州、扬州和嘉兴的 GDP 使用对应时期江苏省平减指数处理，对全国 GDP 数据进行减半处理，即图上全国数据 =（全国 GDP/GDP 平减指数）×0.5。为了更清晰地看出趋势变化，对全国 GDP 数据进行减半处理。

这不到 2% 的增长意味着超过 11 万亿元人民币的 GDP 增长。作为中心城市，上海的经济一直保持稳定的高速增长，平均增长率在 14% 以上，以 1990 年为基期的不变价 GDP 从 1991 年的 834.52 亿元人民币，上涨到 2019 年的 2177.28 亿元人民币，上涨了将近 2 倍。除了上海，其他城市的不变价 GDP 也都上涨了 1~3 倍不等，经济增长表现不俗。支撑这些数字的，是长三角不断优化的产业结构、日趋合理的产业布局、逐渐紧密的地区合作和愈发完善的交通网络。按照姚士谋团队对城市群经济发展阶段的划分，长三角已经进入到"多层次、多维向、多动力联动整合"的模式转变阶段。

2. "起大早赶晚集"的京津冀

和长三角的快节奏密集建设不同，京津冀的建设被戏称为"醒得早，起得晚"。同为中心城市，北京和上海的建设基础也不一样。身为五朝古都、政治和文化中心，近代的北京曾会集了大批封建贵族、政府官员和知识分子，城市经济活动也是为了满足各阶层消费性需求，是一个典型的消费型城市，这无疑令北京经济发展空间十分狭窄，抗风险能力也很弱。中华人民共和国成立之前，随着大批有钱人在战乱中离京南下，北京失去了昔日的消费主体，进而致使社会经济陷入萧条，城市也丧失了原来的发展动力。

在中华人民共和国成立后对城市的重新定位中，学术界和实践领域关于"北京要不要变消费城市为生产城市"这个问题的讨论也一直没有达成共识。直到苏联专家基于对"社会政治意义的考虑"提出建议——首都应当通过成为工业城市来增加工人阶级比例，而不能继续作为一个"仅仅代表剥削阶级的消费城市"[①]。此后，北京借鉴苏联的经济建设思路，走上了重工化建设的

---

① 北京建设史书编辑委员会. 建国以来的北京城市建设资料. 第一卷，城市规划［M］. 北京：北京建设史书编辑委员会编辑部，1987.

道路。

当时间来到 1986 年，也就是长三角被正式提出的 4 年之后，在时任天津市市长李瑞环的倡导下，天津联合环渤海地区大连、沧州、秦皇岛等 15 个沿海城市共同发起成立了环渤海地区市长联席会，确定表示要建设环渤海经济区，这被认为是京津冀城市群的早期雏形①。但值得注意的是，这次联席会吸纳的成员中，并不包括北京。

20 世纪 90 年代，河北提出了"两环（环京津、环渤海）开放"战略，但由于没有京津的响应，这个"一头热"的协同战略还没开始就无疾而终了。

2004 年，国家发展和改革委员会召集京津冀三地 9 市的发展和改革部门在廊坊市召开京津冀区域经济发展战略研讨会②，达成"廊坊共识"——为了破除区域协调发展中体制、机制、观念等方面的障碍，提高区域整体竞争力，推进区域经济一体化进程，各地区同意统筹协调区域发展中的就基础设施、资源环境、产业布局、城镇体系。"廊坊共识"达成后，京津冀合作三地全面启动。随后，国家发展和改革委员会正式启动了京津冀都市圈区域规划的编制工作。直到 2010 年，《京津冀都市圈区域规划》上报国务院，京津冀一体化仍然停留在概念阶段。

2014 年 2 月，京津冀三地协同发展座谈会召开，京津冀城市群的建设终于正式启动。

最早加入京津冀城市群（以下简称"京津冀"）的这 10 个城市，在 GDP 增长的表现上，和长三角的总体变化态势是基本一致的。作为京津冀的核心，

---

① 这 15 个城市分别是：丹东市、大连市、营口市、盘锦市、锦州市、秦皇岛市、唐山市、天津市、北京市、沧州市、惠民市、东营市、潍坊市、烟台市、青岛市。此次会议最终吸纳成员城市为除北京外的 14 个城市。

② 这 9 个城市分别为：北京市、天津市，以及河北省的秦皇岛市、承德市、张家口市、保定市、廊坊市、沧州市、唐山市。石家庄市发改委当时仅列席会议。在 2010 年最终上报国务院的《京津冀都市圈区域规划》中，石家庄市最终被纳入规划。

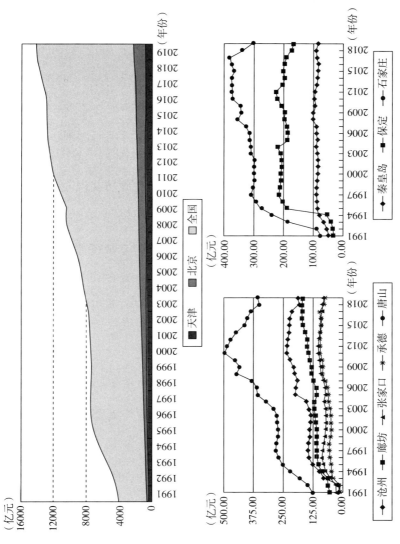

图 1 - 3 1991～2019 年京津冀城市群最初 10 城的经济表现

资料来源：图中 GDP 原始数据来自各地区历年《统计年鉴》《经济统计年鉴》和《中国城市统计年鉴》，处理办法同图 1 - 2。1994 年前后，石家庄和沧州的 GDP 总量有了较大提高，但此后的发展速度并不尽如人意；此外，2005 年，张家口、秦皇岛、廊坊和保定的 GDP 总量出现了下降，同时人均 GDP 也较上年有所回落。关于这一现象，后文会给出解释。

北京的经济增长趋势十分明显，不变价 GDP 在 1991 年仅为 544.94 亿元，到 2019 年已经高达 2230.30 亿元，甚至在 2019 年超过了上海。除 2008 年受到全球性金融危机影响，经济增长出现轻微回落之外，其他年份经济增长的趋势十分明显①。相比之下，天津市明显逊色很多，但也保持着总体增长的态势，尤其是 2008 年金融危机之后，天津的不变价 GDP 一直保持在 700 亿元以上。

不过，同样是以 1990 年为基期，与京津形成鲜明对比的是，河北省各地区作为非核心区域，整体情况与长三角的非中心城市表现截然不同，GDP 总量不仅无法和京津相提并论，甚至在一体化建设启动之后反而出现了明显的下降。

从数据上看，京津冀的表现和长三角之间存在一定差距，仍处于中心城市单向扩散向辐射带动的龙头作用阶段的过渡时期，但也已经初步形成了地区之间功能互补、错位发展的态势。北京作为中心城市，已经形成了比较高端的工业结构，部分产业的核心技术初步完成了国产取代国外垄断的产业化升级，原有的一些传统工业企业已经完成了向河北周边地区的产业梯度转移，推动天津和河北成为城市群主要的工业基地②。

3. 改革前沿阵地珠江三角洲经济区

在三大城市群中，珠江三角洲经济区（以下简称珠三角）是最后一个被提出来的，却是最早发展起来的。

珠三角，明清时期称为广州府，是广府文化的核心地带和兴盛之地。从历

---

① 从统计数据上看，2019 年，北京市的 GDP 是 35371.28 亿元，而上海的 GDP 是 38155.32 亿元，显然上海的 GDP 高于北京。但 GDP 是一个衡量生产最终成果的概念，如果我们想要看到 GDP 在历史上的真实变化，要想知道今年的 GDP 比去年、前年，甚至更久远的年代增长或者下降了多少，就要考虑通货膨胀的问题。所以，在比较 GDP 之前，首先需要剔除价格因素。这也是图中 GDP 数据都进行了平减处理的原因。在对两个城市的 GDP 分别进行平减处理之后，北京市的处理结果就高于上海了。

② 姚士谋等. 中国城市群新论［M］. 北京：科学出版社，2016.

史上看，珠江三角洲人文地理和经济联系很早就成为一个整体，有着上千年的一体化发展历程。早在清朝乾隆年间，就已经建立起以出口为导向的"贸—工—农"体系，实现了从传统农业到工业化，再到产业多元化发展的转变，形成了相对完整的产业结构。凭借着数百年来在中西文化、经济交流竞合与激烈碰撞中积累的经验，珠三角在被确立为沿海经济开放区之后迅速崛起，成为世界知名的加工制造和出口基地，这让珠三角城市群的确立水到渠成。

1994 年，广东省委在七届三次全会上提出了建设珠江三角洲经济区，"珠三角"这个概念被正式确定。当时的珠三角，恰好是广州府地界覆盖的 9 座城市（也是图 1 - 4 显示的 9 座城市）。到 20 世纪 90 年代后期，在"珠三角"的基础上出现了"大珠三角"的概念，"大珠三角"由广东、香港、澳门三地构成。

同长三角和京津冀相比，最早加入珠三角的 9 个城市当中，除了中心城市深圳和广州，其他 7 个城市的经济表现比京沪两位"前辈"的卫星城明显要好一些。尽管在这期间，肇庆和江门经济增长速度差强人意，还有个别地区受到 1998 年亚洲金融危机的影响，经济增长一度出现了短暂的下滑，但经济持续攀升的总体态势并没有发生改变。所以从图像所呈现的情况来看，珠三角的发展似乎更为均衡。

不仅如此，据《中国城市群一体化报告（2019）》，2006 年，包括京津冀、长三角和珠三角在内，中国一体化基础较高的 12 个城市群的 GDP 之和占全国 GDP 的比重就已经达到了 70.56%，到 2015 年，这个数字已经上升到 82.03%，而且所有城市群的 GDP 比重都提高了①。其中，京津冀、长三角和珠三角这三大城市群（以下简称"三大城市群"）对经济份额的贡献超过 40%。

---

① 这 12 个城市群分别是：京津冀、长三角、珠三角、中原、辽中南、山东半岛、海峡西岸、武汉、长株潭、成渝地区、关中平原、哈长城市群。该报告将长汉中下游城市群分成了两部分，即武汉城市群和长株潭城市群。

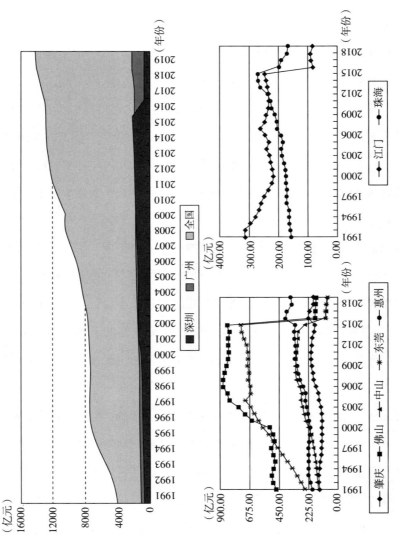

图 1 - 4　1991～2019 年珠三角经济区最初 9 城的经济表现

资料来源：图中 GDP 原始数据来自各地区历年《统计年鉴》《经济统计年鉴》和《中国城市统计年鉴》，处理办法同图 1 - 2。珠三角经济区最早仅包括 7 个地级市：广州、深圳、珠海、佛山、江门、东莞、中山，和这 7 个地级市共同被纳入经济区的，还有惠州市的惠州市区、惠东县、博罗县，以及肇庆市的肇庆市区、高要市、四会市。受限于数据的可得性，图中使用的是惠州和肇庆的全市统计数据。

经济增长给百姓生活带来的好处是不言而喻的：更丰厚的收入、更迅捷的交通、更便利的服务和更稳定的社会环境……

以交通设施为例，京津冀建设正式启动之后，有8条高速公路先后建成通车，京津冀之间高速公路"断头路"全部消除；10条高铁和客专线路相继开通，区域高铁线路从120千米扩展延伸至近1900千米。长三角的高速铁路更是已从宁沪杭沿线地区扩展到了除舟山外的所有区域内城市。40年前的人们可能想不到，在今天，北京幸福路小区的居民坐地铁去雍和宫要花上1个小时的时间，乘高铁去廊坊却只要二十几分钟；上海虹桥商务区的白领当中，有的人住在昆山，有的人每天在嘉兴和上海之间往返通勤。

正如图1-5所呈现的，随着基础设施建设逐步推进，三大城市群对人口的吸引力也越来越大，聚集的人口也越来越多，三个城市群的核心区（即成立初期的少数几座城市）人口总数占到全国人口的16.6%，扩大后的城市群人口占比则超过了24%，12个城市群的总人口占比则超过了65%，为城市群的经济建设提供了充裕的劳动力资源。

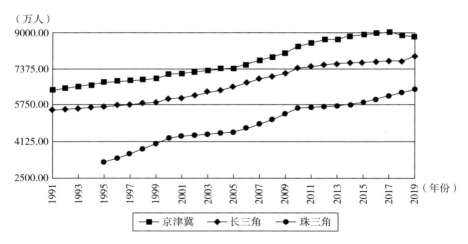

图1-5 1991~2019年三大城市群的人口总数

资料来源：根据各城市统计年鉴整理。为了确保数据的可比性，图中各城市群仍为成立之初所包含的少数几座城市，人口原始数据来自各地区历年《统计年鉴》《经济统计年鉴》和《中国城市统计年鉴》。

从老牌城市群的发展状态看，"成团出道"不仅能给中心城市带来更广阔的发展空间，对于经济状况不够理想的地区尤其是有意从临近发达城市身上"薅羊毛"的地区，似乎也是不错的选择。

不过，现实恐怕并没有这么简单。

二、城市群的尴尬

对于任何"增长"的衡量，都不能只通过经济总量的绝对值来做判断。毕竟，在改革开放的前30年里，全国大部分地区的经济总量都在增长，只不过是增长的速度各有不同。尤其是珠三角，作为改革开放的前沿阵地，依靠着发展劳动力密集型产业，1990年的生产总值就已经达到992.94亿元，占全国GDP总量的5%以上，比改革开放之初增长了近10倍，是当时全国经济增长最快的地区。

我们可能永远都无从知晓如果这些城市不加入城市群，现在的经济发展情况又会怎样。但根据城市群的建设初衷，它们的经济状况至少不应该倒退，发展差距至少不会越来越大。

1. 非发达城市的人口收缩

从人口总量上看，京津冀各个城市的人口都在增长，但是扣除自然增长的人数后，河北省除了廊坊、秦皇岛和石家庄，其他地级市的常住人口都不同程度地呈现出负增长的态势。而石家庄的常住人口数量虽然没有明显下降，但也没有明显的人口流入。

这也正是图1-6所反映的问题——自1991年以来，除了中心城市，其他

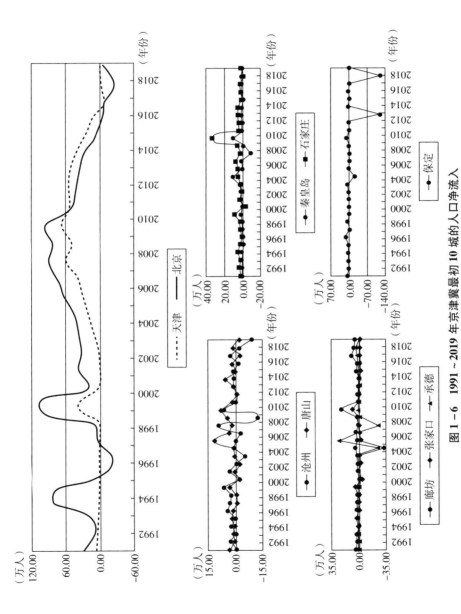

图 1-6 1991~2019 年京津冀最初 10 城的人口净流入

资料来源：图中数据统计口径为城市常住人口，计算办法是以当年城市的常住人口减去上一年常住人口的自然增长。人口和自然增长率原始数据来自各地区历年《统计年鉴》。

城市的人口收缩情况十分严峻。

面临相同问题的还有长三角的南通市。从 1989 年开始，南通市就一直处于人口净流出的状态，平均每年净流出人口数量超过了 30 万。相比之下，东北的问题似乎更加严重。在国家发展和改革委员会 2019 年公布的 31 个收缩型城市①中，有 23 个城市位于东北。

人口数据表现不理想的不仅是非中心城市，作为哈长城市群的中心城市之一，长春 2019 年的常住人口增长不足 3 万人，剔除自然增长率的影响，净增长不足 5000 人，另一个中心城市哈尔滨的人口负增长状态已经持续了 3 年。而成渝城市群的中心之一重庆，常住人口总数长期低于户籍人口。就连这三个城市所在的城市群，也都面临着区域整体人口总量在全国占比下降的现实问题。

有些学者据此认为，随着人口收缩，这些地区的经济发展将会随之萎缩。从 2017—2019 年的 GDP 表现来看，倒是的确如此。

2. 人口收缩的态势真的很糟糕吗

我们首先假设流出的人口都是劳动力。众所周知，物以稀为贵，随着劳动力持续从欠发达地区流出，劳动力的稀缺性逐渐提高，留在欠发达地区的劳动力自然就"贵"起来了。这是由供求关系决定的。于是，离开的人在发达地区会赚到比此前在家乡更多的钱，留下的人也会因为其他人的离开得到更高的工资。从这个角度来看，劳动力流出，无论是对离开的人，还是对留下来的人，都有好处。

对 GDP 而言，这个逻辑依然成立。我们可以想象一下，当两个地区的

---

① "收缩型城市"是 2019 年国家发展和改革委员会在《2019 年新型城镇化建设重点任务》提到的概念，此类城市普遍表现出人口数量在不止一年中出现负增长，第三产业占比较低，工资水平低，且老龄化程度高。

GDP 总量相同时，人口数量少的地区，人均 GDP 自然就高。依据新古典经济理论，劳动力总是倾向于从欠发达地区流向发达地区，那么，发达地区的人口就会越来越多，人均 GDP 也会随之下降；欠发达地区的人均 GDP 则会由于"分母"变小而提高，在这个过程中，两个城市之间在人均 GDP 上的差距就缩小了[①]。如果我们用人均 GDP 作为衡量百姓生活水平的指标，就可以说，在这两个城市当中，人口少的地区百姓生活水平更高一些。那么人口流动无疑会令两个城市之间的生活水平差距缩小。

如果我们再做进一步的讨论，在不考虑技术进步的情况下，资本和劳动力都能够自由流动，在未发生流动之前，发达地区具有相对丰富的资本要素，欠发达地区则具有相对丰富的劳动力要素，依据新古典区域增长理论，生产要素总是从回报低的地区流向回报高的地区，那么在劳动力从欠发达地区向发达地区迁移的同时，资本也将从发达地区流向欠发达地区。地区之间在要素禀赋上的差距就被降低了。

不管是哪种情况，人口流动对流入地起到负向作用的同时，对流出地区则产生了正向作用。一负一正，都能够得到区域间经济差距缩小的结果。

在收缩型城市流出人口中，20～40 岁青壮年劳动力所占的比例最大。按照经典理论所说，我们应该能看到这些城市人均 GDP 上升的结果。但遗憾的是，当我们想要通过现实对上文加以验证的时候，发现情况并非如此[②]。

在现实中，劳动力的流出，一般会有两种结果。

第一种，这些劳动力本身是剩余劳动，对本地经济的贡献微乎其微，在这种情况下，传统理论所描述的现象就会出现。中国改革开放初期和近几年的

---

① 樊纲. 既要扩大"分子"也要缩小"分母"——关于在要素流动中缩小"人均收入"差距的思考 [J]. 中国投资与建设，1995（6）：16 - 18.

② 许多有关流动人口的实证研究成果表明，并非所有劳动力迁移都能带来区域差距缩小，这一经济理论与实证研究结果的矛盾被称为"迁移谜题"。

"民工潮"都属于这种情况，有限的土地和农业现代化发展降低了农业经济发展对劳动力的需求，于是出现了大量农村剩余劳动力，他们自身的边际产出为零，所以离开对 GDP 总量不构成任何影响，反而会提高本地的人均 GDP。

第二种，这些劳动力在本地能够找到工作，但工资性收入低于发达地区所能提供的水平，他们的离开，意味着本地 GDP 总量下降，但人均 GDP 未必会上升。对于第二种情况，我们不妨做进一步的设想——小王在家乡本来可以找到一份工作，但他仍然选择到更发达的地区谋生并留在那里，而得到这份工作的，是其他本地新增劳动力或外来人口，这是否能够说明，小王的产出能力在大概率上要高于获得这份工作其他的劳动者①。如果这个设想成立，那么即便本地新增劳动力数量等于流出劳动力，劳动力的平均产出能力较之前也会有所降低，GDP 增幅甚至总量也会随之降低，而平均产出能力的下降，恰又意味着人均 GDP 的下降，所以小王的离开，直接导致本地有效劳动力占比的下降。上文提到的南通，就是这种情况。身处教育大省，又是著名的教育之乡，南通一面拥有本科录取率在 90% 以上的骄傲，却也怀着"高考出去一火车，毕业回来一卡车"的无奈②。

当然，如果本地新增劳动力的产出能力不亚于流出劳动力，只是因为小王满足于这份工作的收入和当地的生活质量，当地的人均 GDP 也有可能不会降低。不过在现实当中，更多的人抱着"人往高处走"的心态，所以后面提到的这种情况很少发生。更何况，非中心城市常住人口的受教育程度普遍低于中心城市。收缩型城市常住人口的受教育程度普遍低于膨胀城市。

在这种情况下，"聪明"的资本是会跟随产出能力高的小王去到更发达的

①　这里所说的产出能力并不是劳动力本身的专业技术能力，而是对经济增长的贡献。即便是具有相同能力水平的劳动力，由于所在行业和产业的发展阶段不同，其产出能力也各不相同。比如，金融行业的职业经理人对 GDP 的贡献高于从事考古学研究的老教授，但不能据此认为教授的能力比前者差。

②　不过南通市的经济总量依然保持上升态势，加之劳动力连年净流出，人均 GDP 表现出持续上涨的态势。造成这个结果的原因有点复杂，后文会有专门的文字作出解释。

地区，还是选择平均产出能力相对较低的小王的家乡，答案不言自明，这就是"资本追逐劳动"现象。

早期研究成果表明，在改革开放的第一个 10 年间，各地区之间无论是资本还是劳动力，边际回报率都呈现出持续缩小的态势，但是到了第二个 10 年，二者的边际回报率都不同程度地出现了扩大①。地区之间的人均 GDP 差距也越来越大。京津冀的表现就属于这种情况。

图 1 – 7 描述的是 1991 年以来最早加入京津冀都市圈的 10 个城市各自的人均 GDP 表现。可以看出，总体来说，除了北京的人均 GDP 呈现出明显的上升态势，在近 30 年里，不变价 GDP 几乎翻了一番，而包括天津在内的其他 9 个城市的数据表现均不理想。

3. 三大城市群中心的"大城市病"

与此同时，中心城市的经济增长并没有换来百姓幸福指数的同步提高。以北京为例，北京的常住人口从 20 世纪 80 年代的不足 1000 万②，上涨到 2019 年的 2153 万，增长了 1 倍还多，其中外来人口占比将近 30%，这个数字不仅远远超过了北京人口自然增长所能达到的数量，更是超过了北京的承载能力③④。

为了提高承载能力，自 2000 年起，北京进入了城市中心扩容期，到 2018 年七环正式通车为止，北京的环内面积从三环的 159 平方千米迅速扩张到六环的 2267 平方千米。

---

① 龚六堂，谢丹阳 . 我国省份之间的要素流动和边际生产率的差异分析 [J]．经济研究，2004，39（1）：45 – 53；白重恩，谢长泰，钱颖一 . 中国的资本回报率 [J]．比较，2007（28）：1 – 22.
② 资料来源：《北京市统计年鉴（1987）》。
③ 资料来源：《北京市 2019 年国民经济和社会发展统计公报》。
④ 按照北京统计年鉴提供的人口自然增长率计算，不考虑人口流动的情况，2019 年北京市人口数量仅为 1177.68 万人。

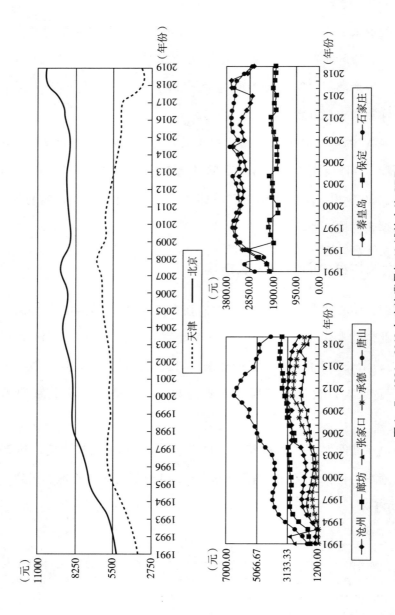

图 1-7 1991~2019 年京津冀最初 10 城的人均 GDP

资料来源：图中数据统计口径为城市常住人口的不变价人均 GDP（以 1990 年为基期），原始数据来自各地区历年《统计年鉴》和《统计公报》。

迅速且持续的扩城行为导致的后果之一，就是职住分离的现象越来越严重。有一段相声这样描述在北京的上班状态——公司在东北六环，家住在西南五环，上班就像取经一样。许多在北京工作的人听了都摇头苦笑，因为这正是他们每天上班通勤的真实写照。号称"亚洲最大社区"的天通苑位于北京市的北五环外，是著名的"睡城"，这里全天最热闹的时段就是工作日的早晚高峰期。绝大多数住在这里的人每天上下班要花费 4~5 个小时，即使是赶早上第一班车，也有可能被人潮挤成"照片"，职住分离的严重程度可窥一斑。

同样饱受"大城市病"折磨的还有长三角的核心——上海，珠三角的核心——广州和深圳。40 年间，这三座城市的人口总量几乎都翻了一倍，城市面积也都扩大了好几倍。交通问题、环境恶化、看病难、买房贵、物价高……每一种症状都让身处这些超大城市的人们苦不堪言。

"一头（大城市）喘不过气，一头（小城镇）嗷嗷待哺。"①

这肯定不是国家建设城市群想要看到的结果。

那么，问题究竟出在哪儿呢？

你看，重启有关城市群和区域一体化问题的研究是很有必要的，因为它和我们每个人的生活息息相关。

如果说在此前的 40 年间，得益于改革开放的制度红利，中国的区域一体化建设取得了明显的成效。那么现如今，粗放式发展方式已经难以为继，掩藏在高增长下的短板和缺陷逐渐暴露了出来。在未来一段时间里，中国不仅要面对资源约束和环境恶化的双重压力，还要面对随之而来的经济增长动力和发展方式转换的双重考验。全球新冠肺炎疫情所引发的这场大萧条，加剧了国内地区之间的发展差距，这正好给了我们重新审视区域一体化进程的机会。

---

① 这句话是中国新常态智库研究院院长彭真怀在接受《中国新闻周刊》记者采访时对城乡二元结构的形容。参见王册. 小城镇兴衰简史 [J]. 中国新闻周刊, 2017（27）: 25－27.

三、下文的内容框架

● 国家为什么要推动城市群的建设？一体化和城市群是什么样子？关于一体化，我们的理解是否存在一些误区？

● 在早期的城市群建设上，国家下了很大力气，但效果似乎并不理想，这背后有着怎样的深层次原因？

● 同样作为生产要素，为什么大城市对资本流入选择张开双臂，对外来人口的态度却截然相反？

● 制度，作为人类社会赖以运转的基本框架，对城市关系的形成、对生产要素的流动都起到至关重要的作用。今日的制度何以与往昔不同？

● 曾经的制度，对今天的城市"朋友圈"有着怎样的影响？

● 又有谁能驾驭制度变迁的方向？

● 理想的城市群一体化，制度和生产要素之间应该是一种什么样的关系？

这正是我接下来和大家共同讨论的内容。

第二章　一体化的正确"姿势"

天时不如地利，地利不如人和。

——孟子

要想得出真相，我们有必要花点篇幅简单地回溯一下城市群的形成过程，并且解答几个有关城市群和区域一体化过程中所遇到的困惑，这些困惑看似已经有了被广泛接受的答案，在既有成果中也鲜有讨论和说明，但对一体化建设却有十分重要的意义。也正是诸如此类基础问题上的模棱两可和似是而非，给我们的一体化之路设置了不小的障碍。

一、城市之间的天然联系

城市之间一定会出现一体化趋势，并最终形成城市群吗？答案是否定的。不过能够最终进入同一个城市群的城市之间，必然存在着与其他城市不同的某种联系。而且这种联系天然存在，不以政府的意志为转移。

那么，第一个问题就是——各城市之间需要具有怎样的联系才能成为一个城市群呢？

1. 城市之间的空间联系

不可否认，城市群首先是一个地域概念，是一定范围内的若干个城市形成的"集合体"。上文提到的 11 个跨省国家级城市群，还有"十三五"规划纲要中提出的 19 个城市群，无一例外，都是在一定空间范围内划定的。尽管从长期来看，城市群的边界并不固定，但也不可能无限扩大。"就近"而言，自始至终都是城市群形成的一个必要条件。既然每个城市的发展都不可避免地要和其他地区产生联系，在选择联系对象时，如果其他条件都相同，该城市一般会选择与它相邻的城市建立联系，这是因为空间上相邻的城市，往往有着其他城市不可与之相比的交通、通信便利和文化趋同性。

既然城市群是由一定空间范围内的城市组成的，那么距离是城市之间"抱团"的标准吗？

举例来说，从地图上看，石家庄距离北京有 277 千米，距离天津将近 400 千米，而距离太原只有 225 千米，而且石家庄和北京之间还隔着一个保定，如果仅从空间上理解"就近"的概念，石家庄应该被划入以太原为核心的晋中城市群，而不是以北京和天津为中心城市的京津冀。

但是石家庄为什么最终落在京津冀的"朋友圈"里了呢？

只是因为它隶属于河北省吗？

那我们又该如何解释河南省安阳市也被划入京津冀，而不是以郑州为核心的中原城市群呢？

简单来说，经济地理学中有一个关于城市群边界的理论，叫作"断裂点理论"。提出人 Converse 认为，一个城市对周围地区的吸引力，与它的规模成正比，与二者距离的平方成反比。

$$D_A = \frac{D_{AB}}{1 + \sqrt{\dfrac{P_B}{P_A}}}$$

$$(2-1)$$

套用式（2-1），我们可以大致计算出北京城市群和太原城市群的边界位置。如果 A 表示北京，B 表示太原，P_A 表示北京人口，P_B 表示太原人口，如果将 D_{AB} 记作 1，根据 2019 年北京市和太原市的统计数据给出的人口数据，这两个城市群的边界 D_A 应该在北京到太原距离的 2/3 再多一点的地方，石家庄恰好在北京城市群的边界之内。因此，在北京和太原之间，石家庄更倾向于和前者建立联系。

按照断裂点理论，北京的常住人口继续增加，以北京为核心的城市群边界就会继续扩大，如果北京的常住人口无限制地增加下去，包括太原在内的更多城市都会被纳入京津冀城市群当中。当然，鉴于北京疏解非首都功能和控制常住人口的政策一再加码，这种极端情况大概率不会发生。

回过头来再看，我们就能够理解，"就近"并不能作为划定城市群的唯一标准。也应该能够理解为什么河南安阳被划入京津冀，而没有进入中原城市群；为什么广东省的阳江、茂名和湛江没有进入粤港澳大湾区，而是被划入了以南宁为核心的北部湾城市群。

看到这里，有的读者可能会产生这样的疑问——我们刚才是要求石家庄在晋中城市群和京津冀城市群之间做出了选择，我们为什么不干脆建设石家庄城市群呢？

为了回答这个问题，我们有必要重新了解一下城市群的内涵。

最早提出"城市群"概念的，是埃比尼泽·霍华德（Ebenezer Howard）。在他的专著《明日的田园城市》里对城市群进行了描述——

环绕一个中心城市的布置，使整个组群中的每个居民虽然一方面居住在一个小镇上，但是实际上是居住在一座宏大而无比美丽的城市之中，并享有其一切优越性……

不过这并不能算是对城市群的界定，充其量只能算作是一种描述，而且由于太过理想化，这个描述和现实中的城市群不可避免地存在很大差距。

自霍华德之后，许多学者都曾给城市群下过各种定义。最早的定义来自于戈特曼（Gottmann）：在巨大的城市化地域内集聚了若干个都市区，这些都市在人口和经济活动等方面密切联系，共同支配空间经济，并形成一个整体。戈特曼将它命名为"Megalopolis"。在于洪俊的《城市地理概论》中，"Megalopolis"被译作"巨大都市带"。相似地，金斯伯格（Ginsburg）提出了"大都市延伸区"的概念，认为大城市周边地域产业化进程和城乡相互作用的加剧，使城乡交错区不断延伸，将与周边的城镇组合成为一个高度连接的区域。

在国内，以姚士谋和肖金成为代表，许多学者将"Megalopolis"翻译为"城市群"。姚士谋还将城市群定义为"在特定地域范围内具有相当数量的不同性质、类型和等级规模的城市，依托一定的自然环境条件，以一个或两个超大或特大城市作为地区经济的核心，借助于现代化的交通工具和综合运输网的通达性，以及高度发达的信息网络，发生与发展着城市个体之间的内在联系，共同构成一个相对完整的城市集合体"。

也有学者将"Megalopolis"翻译为"都市圈"。

日本学者和有关机构一直使用的是"都市圈"这个提法，划定的依据是人口数量和交通条件。比如日本总务厅对"大都市圈"的定义是，作为核心城市的都市及其周围的15岁以上常住人口中有1.5%以上到该都市通勤或通学且与该都市在地域上相连的市町村[①]。国内许多学者沿用了这一划定标准，给出了内容更为丰富的"都市圈"的定义。又比如王建（1996）给出的定义

---

① 富田和晓，藤井正. 新版图说大都市圈［M］. 王雷译. 北京：中国建筑工业出版社，2015.

是，在半径和空间范围相对固定的前提下，人们依靠现代交通技术条件能够实现"一天之内乘汽车进行面对面交流的特定区域"①。也有学者对"都市圈"的理解与城市群相类似。所以学术界在"都市圈"和"城市群"这两个名词的区分和使用上，一直没有达成共识，直至官方文件中出现对这二者的描述。

依照《国家发展改革委关于培育发展现代化都市圈的指导意见》（发改规划〔2019〕328号）：

城市群是新型城镇化主体形态，是支撑全国经济增长、促进区域协调发展、参与国际竞争合作的重要平台。都市圈是城市群内部以超大特大城市或辐射带动功能强的大城市为中心、以1小时通勤圈为基本范围的城镇化空间形态。

这段结合中国国情作出的界定，清晰地给出了二者的区别——国家对城市群的战略定位要高于都市圈。即城市群的概念要大于都市圈的概念，一个城市群内部，可以有几个都市圈，都市圈的中心城市可以是城市群的中心城市，也可以是次中心或非中心城市②。换言之，城市群的布局是全国性的，是基于"全国一盘棋"的考虑，都市圈则是区域性的。关于城市群的定位以及它和都市圈之间的关系，后文会有专门的文字再作讨论。

为什么这里要用如此大的篇幅来介绍的"城市群"的概念呢？

事实上，在官方界定没有给出之前，石家庄城市群这个名称就被提出过。有学者把城市群建设计划分为三个层次，石家庄城市群就在第二个层次当中。

---

① 王建.九大都市圈区域经济发展模式的构想〔J〕.宏观经济管理，1996（10）：21－24.
② 当然，这段描述并非尽善尽美，比如"1小时通勤圈"的提法就值得商榷。要知道，就现有交通设施而言，北京和上海的市内地铁理论最高运行速度只有80千米/时，新修建的高速地铁线路都分布在外城。要实现上班途中只花费1小时，必须住在距离上班地点30千米左右的地方，而北京目前的平均空间通勤半径为40千米，上海为39千米。这意味着即便是住在市区的人，上班路上平均花费的时间都在1.5小时以上。不过随着交通技术的升级，未来这个目标是完全可以实现的。

与石家庄城市群并列的，还有兰州城市群、太原城市群和武汉城市群①。

但是当我们对照"城市群"和"都市圈"的定义时，就发现，以石家庄为中心城市，应当建设的是都市圈，并将石家庄都市圈和北京都市圈、天津都市圈一起纳入京津冀城市群。同理，兰州都市圈应当被划入兰西城市群，武汉城市群则应当归属于长江中下游城市群，而且现实也的确如此。

有的读者朋友可能更不解了，为什么这里要在"城市群"和"都市圈"的界定和区分上花费这么大力气呢？

答案马上揭晓。

2. 城市群的经济联系

从地理学的角度来讲，任何一个空间范围内，城市的分布密度达到一定程度，就可以被称为"城市群"。但城市的密度不会无故增加，毕竟城市的核心主体是人。人类活动强度越低，城市与繁荣的距离就越远。所以从经济学的角度来看，有关"城市群"和"都市圈"概念的思辨和探讨，都是围绕人类社会发展的诉求而展开的。

我们都知道，经济活动是贯穿人类社会发展的基础活动。因此，无论是都市圈，还是城市群，它们的成员必然是基于开展经济活动的诉求结合在一起的。

说到经济活动，就不得不提到本书的另一个关键词——一体化。

"一体化"的概念最早出现在有关产业组织的研究中，核心内容是企业的联合与并购问题。按照古典经济学的价格理论，"市场是不存在交易费用的"。在这一假设下，除生产行为外，其他任何一个环节都不会有成本发生。但这显

---

① 按照当时的提法，第一个层次是长三角、珠三角、京津冀、成渝和其他已经比较成熟的城市群；第三个城市群是尚未开始建设的徐州城市群、浙东城市群等。这三个层次是依据建设进度划分的，并没有按照功能区分国家级城市群和区域性城市群。

然与现实不符。尤其是在自由竞争市场上，人们为了确保交易达成，必须努力搜集信息、计算产量、寻找客户、推销产品，但这些行为所产生的成本并不会增加产品的价值，这种成本就是交易费用。交易费用的存在，不仅降低了交易双方的收益，而且降低了经济系统的效率。当交易费用超过了组织的管理成本，交易各方的关系就会由竞争转为合作，企业就此诞生。同样地，企业之间的交易也不可避免地存在交易费用，因此，企业之间也存在为了各自利益结成某种组织的倾向。这种倾向最终促成了"一体化"的产生。也就是说，一体化是为了降低参与交易各方的交易费用而形成的。

当我们把企业之间的一体化过程置于城市中，这个逻辑同样成立①。由于不同城市拥有的资源禀赋和所处的发展阶段各不相同，这些城市的社会分工往往也不相同。具体表现为一条产业链上的各个企业分布在不同的城市，同一城市的企业又处在不同的产业链上。这样一来，城市和城市之间就有了发生交易的需求，有交易的地方就有交易费用如影随形。当若干条产业链在城市之间构建起错综复杂的产业网络，随着交易频率的提高，交易费用也将不断攀升。为了降低交易费用，跨地区的企业之间就会出现一体化的倾向。

这就是城市之间的经济联系。换句话说，城市之间的经济联系，正是在产业实现高效分工协作、形成规模效应的诉求下建立起来的。这也正是城市群一体化的核心落脚点。

不过，城市之间的联系是有圈层的。

---

① 产业组织理论把一体化分为纵向一体化和横向一体化。纵向一体化是指产业链上的核心生产企业为了更好地控制从原材料供应到产成品销售的全程，联系自己的上下游企业，通过签订长期协定或兼并收购，形成比短期合同关系更牢固的组织形式，来降低自己被对方"敲竹杠"或"放鸽子"的风险。横向一体化是指，产业链某一个节点上的企业，为了降低竞争成本、巩固市场地位，和自己的同行进行联合，将原本企业之间的竞争对抗转变成为组织内部的合作共赢，以此来实现规模经济、增强竞争优势。区域一体化可以是纵向一体化，也可以是横向一体化。早些年海尔集团兼并青岛空调器厂和红星电器的行为属于前者的范畴，优酷和土豆的合并则属于后者。

在空间上毗邻的少数几个城市之间总是首先建立经济联系，形成一个小"团体"，并且比距离稍远城市的联系更紧密。但小团体能够实现的产业链长度有限，所以必然要和另一个或多个小团体发生联系。尽管产业链的起点和终点并不是一成不变的，但在每一个相对完整的产业链上，最核心的部分一定处在占有资源最多的那个城市，即中心城市或者核心城市、首位城市。最终形成的产业链串联起若干个小团体，其中必然有一个团体承载着核心产业链，也必然有一个个体承载着产业链最关键的环节。

这一个又一个的小团体，就是都市圈。

这若干个联合在一起的小团体，就是城市群。①

从前文的描述不难看出，一个城市群所能承载的产业链长度远远超过了一个都市圈所能达到的程度，其所能产生的经济带动作用远比后者要大得多，城市群的中心通过经济联系聚合的城市数量也远比都市圈的中心城市要多。而城市群中的各个都市圈，包括以城市群的中心城市为核心的都市圈，它们的中心城市能够实现的功能价值和辐射作用很难与城市群的中心城市相提并论。

这也决定了城市群和都市圈各自的功能定位、产业布局、基础设施建设以及制度安排不会相同。一方面，城市群和都市圈所处的战略地位不同，城市群的建设建立在都市圈发育良好的基础上，石家庄都市圈所承载的产业链和京津两地的产业有着无法割裂的经济联系，这也决定了石家庄都市圈很难独立于京津所处的城市群；另一方面，由于能力所导致的地位差距，国家给予城市群和都市圈的发展思路、指导政策和资金倾斜力度都是不一样的，如果按照城市群的标准来建设石家庄都市圈，无异于是揠苗助长，不仅达不到预期效果，而且

---

① 城市群从诞生到成熟的三个阶段，即中心城市产生辐射作用→都市圈向外扩散→城市群发育成熟，从另一个侧面回答了为什么有了中心城市和城市群，还要强调都市圈建设——因为都市圈作为衔接中心城市和城市群的关键一环，在一体化进程中起到重要的承上启下的作用。我们无法跳过都市圈直接形成可持续的城市群，我们现在强调都市圈的建设，其实是在"补课"。

会造成巨大的资源浪费。

因此，仅通过概念，我们不能轻易否定石家庄城市群的可行性。但和北京相比，石家庄显然很难成为一个城市群的中心城市。石家庄都市圈自然也很难在短期内成为一个独立的城市群。

更进一步地，当我们用战略意义和建设力度作为衡量标准来判断一个城市组群的类别时，一些传统意义上的地区性小型城市群组，都应当被划归到都市圈的范畴，即使它们并没有被纳入任何更大的城市群。

看到这里，想必各位读者已经明白，城市之间的空间联系和经济联系并非两条平行线，城市倾向于与相邻的城市发生联系，这种联系首先就是经济联系，但绝不仅仅是经济联系。

那么，接下来我们要解决的第二个问题是——区域一体化等同于区域经济一体化吗？

二、区域一体化与区域经济一体化

无论是学术界还是实践领域，一体化常常被简单地作为经济范畴的概念来理解，也经常被视作是可以与经济一体化相互替代的另一个名称。人们提到一体化建设，想到的往往是产业融合、产业布局、地区分工、优势互补这一类关键词。但事实上，这二者并不相等。

1. 一体化概念的提出

这与"区域一体化"的理论起源有关。最初进行一体化研究的是国际经济学领域的学者，他们所提出的区域一体化概念，以四个假设为前提。这四个假设是：第一，一体化主体是具有独立主权的社会群体；第二，各群体倾向于通过区域内部的集团性贸易提高自身经济福利水平；第三，参与一体化集团的伙伴在经济体制与发展水平上具有一定相似性，共同构成排他性的利益集团；第四，一体化具有明确的发展阶段。从这四点假设不难看出，早期经济学界所关注的，主要是一体化在经济层面的动因、效应和条件。

不过，一旦将区域一体化和区域经济一体化等同起来，会自然而然地将一体化归因于区域内成员实现自身利益最大化的内在需要。作出如此判断，就是将区域一体化作为一项围绕经济利益展开的行政活动，衡量一体化程度的，只能是一套经济数字，诸如贸易、金融、技术、劳动力此类。对一体化的建设，也都将围绕提高地区经济效益展开。

就中国当前的城市群建设情况来看，很多政策就是区域经济政策的翻版。显然，从城市群的建设效果来看，如果继续抱着这样的想法，最终结果只能是连经济一体化也无法实现。

诚然，区域经济一体化是区域一体化的核心环节，是城市聚集的纽带和城市群建设的物质基础。两个没有任何经济联系的城市，既不需要借助对方增加收益，也不需要彼此沟通降低成本，是不存在一体化必要的。但这不意味着区域一体化只有经济行为这一项内容。那么接下来，我们要尝试着挖掘一体化背后的非经济因素和非经济后果，这些对区域一体化建设来说，很可能更为关键。

到目前为止，我们需要明确的是——尽管区域一体化以经济行为为基础，但这并不意味着区域一体化等同于区域经济一体化。

比如，基础设施一体化作为城市建设的重要内容之一，也是区域一体化的硬件基础。区域一体化建设，同样也需要区域内各个城市在交通、通信等基础建设上最大限度实现共享共建、互联互通。与基础设施一体化相比，行政一体化更是必不可少的。通过上文的叙述，我们至少可以确定——产业链的跨区域一体化旨在降低交易费用，但无论产业网络内部通过何种形式降低交易费用，由城市边界造成的那部分始终不在企业的掌控范围之内。为了交易能够达成，地方政府就会站出来，强化有可能降低交易费用的外部条件（比如道路交通设施建设），取消有可能产生交易费用的规章制度（比如非共享的财税机制），以便实现商品和生产要素的自由流动。这个时候，经济一体化才有可能产生，参与一体化的城市之间的联系在共同利益的趋势下也会变得更加紧密。

但在简·丁伯根（Tinbergen）的眼中，这种单纯着眼于消除流通限制的一体化，做的事情无非是"头疼医头，脚疼医脚"，最多只能算是"消极的一体化"，真正由市场失灵所导致的问题并没有真正得以解决，甚至还有可能被激化①。

2. "看不见的手"与"市场失灵"

在一体化进程最初的一段时间里，城市集群的要素都在向都市圈和城市群的中心城市聚集。劳动力的聚集推动了专业分工的出现，在形成规模经济的诉求驱动下，分工推动了产业聚集，进而使当地的生产要素回报率高于周边地区，于是周边地区的生产要素也会纷纷聚集过来。专业化带来了资本产出的增加，同时也通过税收增加了地方财政收入，紧接着，地方财政支出数额也会随之提高。这部分增收的财政资金将被有计划地用于提高公共要素或公共物品的支出，公共要素支出的提高，将提高资本生产率，从而吸引到更多私人资本流入，公共物品支出的提高，则会改善当地居民福利，从而吸引更多劳动力迁入。不论地方政府更倾向于增加哪一部分公共支出，生产要素都在持续向中心城市聚集。于是，要素聚集在中心城市形成了规模经济，进而引致更大规模的

---

① 丁伯根对"消极一体化"和"积极一体化"的界定建立在他对国际经济政策的研究之上。国家之间的区域一体化和城市之间的区域一体化有许多相似之处，二者之间最大的区别在于货币的统一与否。

要素的聚集。这个过程表现为中心城市的"虹吸效应"。在这个过程中，从周围城市抽离出来的不仅仅是剩余劳动力和闲置资本，只要城市之间存在经济效率差距，要素就会从效率低的城市向效率高的城市转移。因此，在这一阶段，中心城市的发展是以抑制周边中小城市发展为代价的。

在接下来的时间里，如果按照艾伯特·赫希曼（Albert Hirshman）的"极化涓滴效应"理论，中心城市的先进技术和管理理念等会扩散到周边的中小城市，在一定程度上推动中小城市的经济发展和社会进步。如果按照韦伯的"聚集经济理论"，生产要素的持续聚集直接导致要素密度过大，聚集不经济开始超过了聚集经济，生产要素会向周围不发达地区迁移。这个过程表现为中心城市向周边城市的"扩散效应"。

也就是说，随着城市之间的经济联系越来越密切，中心城市和非中心城市之间的差距将会呈现出一个倒"U"型变化趋势。

但真实情况又是怎样的呢？

从图 1-2~图 1-4 给出的三大城市群发展状态图所展示的真实情况来看，长三角和珠三角各个非中心城市在最近 10 年里都呈现出持续增长的发展态势，已经进入城市群发展的后期，即扩散效应发挥主要作用的阶段，大城市为了避免产业聚集的不经济，将产业链延伸到了邻近地区，对周围的小城市产生了正向溢出，为后者发展提供了新的经济增长动力。而京津冀的大部分非中心城市与中心城市的差距却出现了扩大的趋势，还处于发展初期，虹吸作用尚处于主要地位，资本和劳动力仍在不断向北京聚集。尤其是京津两地对河北人口表现出极高的吸引力，导致河北多地有效劳动力持续流失。

3. 积极的一体化

中心城市在要素聚集上表现出的"马太效应"令虹吸效应总是大于扩散效应，连续积累的发展优势促进了市场力量的倾斜，这使生产要素更加不愿意向不发达地区扩散，所以生产要素密度过大的时候，中心城市就会从市区开始向郊区延伸，自20世纪80年代以来，北京的城区建成面积扩大了15倍，上海扩大了11倍。一些附加值比较低的分工会搬到城市边缘，中心城市则变得越来越大。随着城市的不断扩张，地价上升、交通拥堵等"大城市病"相继显现，生产活动的交易成本不断攀升。此时，生产要素的聚集已经不能继续为中心城市建设提供正向激励，但是中心城市在崛起的过程中聚集了大量社会资本、优秀劳动力、先进技术和优质公共服务，在交易费用尚未高于企业从中心城市获得的地区发展红利之前，没有企业愿意离开这里去资源相对不理想的周边城市，一旦交易费用超过收益，企业还要在非中心城市之中进行一番筛选，最终在收益最大的城市落户。因为，企业落户将会增加城市的税收和就业，倘若非中心城市之间的差距不十分明显，城市则有可能争相开出优惠条件吸引外迁企业转入本地。所以，企业的挑选行为又有可能引致非中心城市的"内卷"①。

中心城市的效率下降，周边城市之间出现内耗性竞争。没错，市场失灵了。有经济学常识的人都知道，当市场失灵发生时，政府就必须出面进行干预。但中国是财政分权体制，经济状况往往又和政府政绩挂钩，产业转移意味着转出地的税收流失、就业岗位减少、财政收入下降，这是地方政府所不能接受的。因此在尚未建立城市群之时，中心城市一般不会主动要求周边城市承接自己疏解出去的产业，周边城市也不能贸然向中心城市索要产业转移，即便提出了要求，也未必会得到回应。

于是，经济二元结构形成了——中心城市在不断膨胀的同时，周边中小城市也在不断凋零。

---

① 最早提出"内卷"一词的是美国人类学家 Clifford Geertz。他在印度尼西亚调查时发现，由于种种原因，爪哇岛的农业生产无法向外扩展，增加的劳动力不断填充到有限的水稻生产中，致使农业内部变得更精细、更复杂。经过网络传播，"内卷"一词越来越多地用来形容同行之间通过付出更多努力以争夺有限资源的非理性内部竞争，导致个体"收益成本比"下降的现象。

因此，不论是建设都市圈还是城市群，在应对这种情况时，需要各个地区的政府坐下来共同商讨，或由更高一级的政府出台一系列政策，合理地规划，从目标设定到具体执行机制的一系列环节，并将自己的行政决策、管理和执行权力让渡出一部分，交由区域同一行政组织统一行使，以此推动区域内出台新制度来打破城市之间的行政壁垒，最终形成利益共赢的城市联合体。简·丁伯根称这种一体化过程为"积极的一体化"。

不过这仍未覆盖一体化的全部内容。

参照一体化的五个阶段，"积极的一体化"也只不过能推动城市群进入"经济联盟"阶段，即经济政策、市场规则、宏观经济和货币政策以及收入分配等的统一化。

如果现在完全取消区域内地区之间的行政壁垒，允许要素自由流动，还会有多少高质量青壮年劳动力自愿留在不发达省份就业？又有多少企业会自愿迁出中心城市到周边省份去安家？所以说，如果没有好的产业、好的就业机会，非中心城市就无力对劳动力产生黏性，如果没有高质量的劳动力，这些城市也无力聚集好的产业、产生好的就业机会。

这是一个死循环，是一个只有经济均衡发展才能解开的死循环。

但我们刚刚又说区域一体化又不能和经济一体化画等号，那它又是什么呢？

目前，学术界并没有给区域一体化做出明确的定义。要想搞清楚区域一体化的具体界定，就必须回到区域一体化建设的初衷——为什么要建设城市群？为什么要实现区域一体化？

是为了经济发展吗？是，但又不全是。

是为了社会进步吗？是，不过也不够全面。

无论是经济发展，还是社会进步，最初的建设者必定是人，最终的受惠者也必须是人。

在中华人民共和国成立之初，中国社会的主要矛盾是人民日益增长的物质文化需求同落后的社会生产之间的矛盾，在新时代是人民日益增长的美好生活需要和不平衡不充分的发展之间的矛盾。这说明人对生产和生活水平是有诉求的，这种主观诉求和客观现实之间的矛盾或者说差距，正是一体化进程的内在动力。

人想要的是什么？

"民不患寡而患不均"这句话可能是最恰当的回答。

试想，如果一个出生在小城市的人，在自己的家门口就能够获得和大城市相同的就业机会和公共服务质量，他还会不顾一切投入大城市的怀抱吗？

所以，比上述更重要的，是区域内部的公共服务一体化。如果我们说经济一体化是区域一体化的重要手段，那么公共服务一体化或者说公共服务资源均衡才是区域一体化的终极目标和结果。

需要注意的是，公共服务一体化不一定非要区域内所有城市的公共服务水平达到同一质量标准，也可以是区域内的城市可以无障碍地享受其他城市优质的公共服务。这是比经济联盟层次更高的一体化内容。关于公共服务一体化的一系列问题，后文会给出专门讨论。

总而言之，区域一体化绝不应当仅仅是一项行政活动，它更应当是一项民生事业，而经济一体化、基础设施一体化及公共服务一体化，都是这项事业不可或缺的环节，后两者也是政府深度参与的重要内容。于是，有学者提出把区域一体化的概念分解成两个层面的内容——一层是以市场为主导的功能性区域一体化，即经济一体化；另一层是以政府为主导的制度性区域一体化，即政治一体化[①]。纵观中国各个城市群建设的舞台上，从区域功能定位到明确城市群成员，也的确一直活跃着各级政府的身影。

---

①　陈斌进．经济恐龙：走向 21 世纪的跨国公司［M］．北京：时事出版社，1995．

于是新的问题又来了——政府是一体化的行为主体吗？

三、一体化的执行者

我们千万不要误解丁伯根的"积极的一体化"或"政治一体化"，认为政府有可能先于市场看到了某些局限性，主动采取措施去避免后续资源配置过程中的市场失灵。或者当我们在新闻里、在实践中，看到政府出台了某个指导意见或颁布了某项规划纲要，某几个城市被划定为城市群、某个城市被确定为中心城市，就据此认为一体化的进程完全是由政府推动的，那就大错而特错了。政府制定战略从宏观层面协调一体化发展的思路是正确的，而且宏观调控也的确会对微观经济活动产生深刻的影响。但这并不意味着政府应当广泛地参与到微观经济行为当中。

中华人民共和国成立后我们在计划经济时期的尝试和改革开放40余年的经验都证明了，市场才是配置资源的主体。在实际操作中，政府更多的是在宏观层面发挥作用，一旦到了微观层面，由于信息的不完全和不对称，以及委托代理关系的存在，政府对需求的识别和反应一定是滞后于市场的。加之城市间分权化体制导致的市场分割和利益分割，如果地方政府基于对经济利益和政绩的追求，频繁代替市场参与微观经济行为，很容易造成市场扭曲甚至失衡，进而导致资源浪费和收益下降。这与一体化的目的背道而驰。

我们还注意到，在2016年国务院颁布的《关于深化泛珠三角区域合作的指导意见》中，将战略目标定为"促进区域协同发展"，使用的词语是"促进"。也就是说，中央政府并无意于令自己或地方行政机构在微观层面取代市场的主体地位。

我们需要明白，一体化进程的政府引导是有先决条件的，那就是——政府主导之前，区域内的城市之间已经表现出明显的一体化倾向。

正如前文所述，城市群的成员之间存在着经济联系，这种经济联系首先是在市场机制作用下产生的，它源自城市之间在利益上的相互依赖，经济利益依赖程度越高，合作的意愿就越强烈，一体化的动力就越强劲。而城市利益的相互依赖，是市场配置资源的结果。如果把城市群看作是一个有机生命体，连接各个成员的产业链就如同血管一样，资源则如血液般在城市间的市场上流进流出，城市群才能表现出应有的活力。只有在血流不畅的情况下，政府才有必要出来开药方，开出的药方也只是帮助血管畅通、提高体内器官的机能，而不是给生命体硬生生地制造出一个人工心脏或人工大脑。

举个最简单的例子，如果同一个产业的融资在北京，研发在天津，生产在河北，那么京津冀的经济依赖就很强，以此为基础结成的城市联盟就是"活的"，即便没有政府引导和规划，这三地的关系也会随着经济互动日益频繁而越来越密切。相反地，如果河北产业不需要使用京津的科研成果，产品的生产环节和主要销售渠道又是京津冀以外的其他地区或国家，京津冀之间的经济依赖就很弱，即使是政府大力倡导，三方也不会产生强烈的一体化意愿。毕竟企业都是逐利的，政府不能规定河北的钢铁企业必须使用北京的科研成果，也不能规定北京的制造业必须使用河北生产的原材料。能够让企业之间主动建立经济联系，一定是企业认为彼此能够获得长期稳定的经济利益。

民间有句俗语，叫"强扭的瓜不甜"，正如前文所说，如果区域内的城市并没有市场活动的依赖，城市之间就不存在所谓黏性，一体化也就缺乏充分的物质基础和动力。虽然中国现阶段的确存在政策驱动型的多中心型城市群，政府划定了城市群的空间范围，也设立了中心城市，并给予政策和资金上的支持，但由于城市之间、都市圈之间产业趋同化十分严重，一直无法形成稳定而紧密的城际分工协作和经济往来，建设效果也不够理想。虽然从短期 GDP 总量上看，这一类城市群的总体增长也比较明显，实际上却是依靠优惠政策、政府强制动员和投入大量社会资源维持的，从长期来看是不可持续的。

所以，一体化的第一行为主体永远都是市场，也就是说，区域一体化是建立在市场一体化基础之上的。

四、如果没有中心城市

在城市群和区域一体化建设的有关资料中，无论是国家出台的相关文件，还是学者的研究成果，对中心城市的阐述，往往都是对其特征、作用以及建设中心城市的初衷的描述。而且在讨论经济区和城市群时，必然会提到中心城市，默认二者是并存的。

是否有人想过，城市群没有中心城市行不行？

早期研究城市群的学者必然会给出否定的答案。问题在于，现实是否果真如此。

以最简单的冰箱产业链为例，我们不妨设想以下两种情形：

第一种：冰箱的研发和融资在上海，制冷系统的生产在浙江，电控系统的生产在江苏，箱体生产和成品组装在安徽。整个产业链的最关键环节都集中在上海，其他地区的产业都为上海做配套。

第二种：由浙江负责制冷系统的研发和制造、拥有生产压缩机的核心技术，由江苏负责电控系统的研发与制造、掌握具有竞争力的核心技术，由安徽负责箱体和附件的生产、拥有最先进的生产线，由上海负责最终的组装和销售。每个地区都有各自的核心竞争力，产业链的关键环节分布在不同地区。

将这二者进行比较不难发现，第一种情形可以概括为"单一中心城市→

城市群"模式，即先有中心城市，再有城市群。[①] 上海作为发达城市，在城市群形成之前，率先形成了自己在科研、制造领域的绝对优势和强大的辐射能力，并以此为前提推动产业链向周边地区扩散，进而形成更为有效的分工协作，带动整个地区的经济增长。[②] 这几乎是所有城市群诞生与发展的标准模式。也是早期研究城市群的学者开展研究的前提。在传统研究框架下，城市体系是大城市扩散、卫星城市和新兴城市不断涌现的结果。城市体系形成的关键，恰恰是中心城市对周边城市以其在本区域大比例占比的经济体量和人口规模表现出的、对附近地区的辐射和吸引作用。中国的九大国家中心城市，正是基于这个特点，肩负起了带领各个区域腹地经济进步的使命。20 世纪六七十年代，还有传统区域经济发展理论领域的学者据此呼吁在落后地区建立发展中心，吸引工业集中，进而形成中心城市，以此带动落后区域的经济增长。只是有一点，如果广东省的压缩机销售价格加上运费比浙江的供货价格还便宜，上海完全有理由不向浙江省采购制冷设备，转而与广东的供货商签订合同。在这种模式下，上海作为整个产业链掌握绝对话语权的一方，完全可以不受地域限制地自由挑选合作伙伴。而作为产业链上的低附加值环节，浙江对上海的依附程度却会越来越高，和上海的差距也会越来越大，而上海对周边地区的虹吸效应也将无法缓解。当然，一座城市里肯定不可能只有一条产业链，所以我们不妨将这个例子稍作延展——冰箱产业链的最关键环节都集中在上海，其他地区的产业都与上海相配套；电视产业链的关键环节都在浙江，其他地区给浙江做

---

① 在城市群的研究框架中，中心城市和城市群或都市圈是并存的，没有城市群或都市圈的概念，中心城市也就无从谈起。笔者并非要否定这一点。这里之所以用"先有中心城市，再有城市群"这一描述来概括城市群发展的普遍规律，是为了表达——中心城市在成为中心城市之前，已经是发达城市，或者至少是该区域内相对发达的"第一增长城市"，即便不是名义上的中心城市，也具备了事实中心城市的地位和作用。

② 这也只是一个简单的例子，事实上，江苏省的确是以上海为桥头堡，一切产业与之配套，越靠近上海的地区 GDP 越高，经济越发达。而浙江省因其具有独立自主的产业结构而对上海的依赖程度相对不高，距离上海最近的嘉兴市，2020 年人均 GDP 在省内仅排名第五。

配套；洗衣机产业链的关键环节在江苏，其他地区给江苏做配套……这种形式的实质就和第二种情形十分相似了。

第二种情形是一种典型的"多中心城市→城市群"模式。即先有都市圈，再有城市群。从理论上来讲，这是一种非常理想的模式。在这种模式中，我们无法将上海作为绝对的核心城市来看待。因为每个地区或都市圈都有自己的核心竞争优势，尽管彼此依赖，但并没有主次高低之分。但我们也不能否认每个地区都有中心城市这一事实。因为例子中每个省份的核心竞争优势都会集中在某个第一增长城市，而不是均匀地分布在省内的不同城市，大而全、小而全的建设模式本身就与城市群一体化的思路相悖。这些小范围内的增长极又各自吸引着周边的生产要素向自身集中，形成相对稳定的都市圈。不难预见，这些第一增长城市和都市圈的经济增长和其所能提供的产品附加值一定是相差不大的。

不过，从历史的角度来看，至少迄今为止，第二类城市群的形成缺乏现实基础。由于区域内各城市拥有的先天自然禀赋和后天政府投入不同，其所表现出的综合实力和增长潜力也不同。因而，中心城市的地位在城市化的起步阶段，甚至更早就已经被奠定了。比如三大城市群，北京作为五朝帝都，尽管没有工业基础，政治地位和消费能力却是不言自明的；上海自 19 世纪开埠以来，到民国时期就已经成为国际大都市；天津自隋唐大运河修建之后就是北方海运交通的中心枢纽；广州早在唐朝就是中国第一大港，是海上丝绸之路的起点；深圳又是改革开放的第一个特区。它们在地理位置、政治、经济和人文方面本就有着天然的优势。这种先天优势仿佛一个巨大的磁场，在改革开放初期吸引了政府财力和政策的大幅度倾斜；经济增长必然带来公共服务、交通通信和金融领域的业务拓展与提升，这对资本和劳动力构成了极大的吸引力；生产要素的充盈促进了当地经济发展；经济发展的良好态势又吸引了新的生产要素从其他城市流出，转而注入中心城市。因此，中心城市和非中心城市的企业所提供产品的技术含量和质量水平越来越难以相同，这就形成了城市之间的产业梯度。因为产业梯度的存在，加上劳动力价格差距（中心城市劳动力价格普遍高于非中心城市），产业转移水到渠成。最终，技术含量和质量水平较高的产品制造环节和核心产业将留在中心城市，其他非核心产业链条连同重要程度低的产品生产，将转移到城市群中的其他城市。对产业链来说是如此，对于产业集群，也是如此。于是在良性循环作用下，这些城市对要素的巨大吸引力，在各自空间范围内得以持续和强化，逐渐形成多产业、多功能的综合性发达城市，成为各自区域"当之无愧"的核心。

看到这里，我们似乎可以回答上文的问题了——城市群需要中心城市，而且中心城市的形成往往先于城市群。中心城市承载着城市群的凝聚力，如果没有中心城市，区域内的城市将会因为彼此联系过于松散而无法实现聚集；如果城市群有多个中心城市，中心城市之间必须存在非竞争性的经济联系，否则该区域不会因一体化建设获得显著的制度红利。

更进一步地，如图 2 - 1 所示，在同一个城市群当中，城市群的核心与都市圈的核心及都市圈的核心之间存在直接、密切且稳定的经济往来，而非中心城市之间并不一定非要存在直接的经济往来。

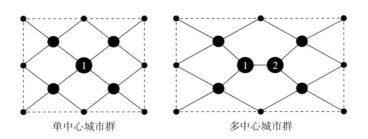

单中心城市群　　　　　　　多中心城市群

图 2 - 1　城市群的内部经济联系

需要说明的是，例子中所展示的这两类城市群，倘若第一类城市群的中心城市政府在一体化进程中具有很强的谈判能力且习惯以自身为中心来做建设规划，势必会造成区域内城市之间两极分化程度的加剧。要知道，城市群一体化作为全国一体化必须经历的阶段之一，是本着"一部分地区先富起来，先富带动后富，最终实现共同富裕"的思路来建设的。同时，这种"一损俱损、一荣俱荣"的联结形式也带有一定的风险性，一旦上海的最终产品销售出现问题，其他地区的生产都将停摆。对第一类城市群的巩固，无异于是竭泽而渔，这种做法不仅不可持续，而且严重违背了城市群建设的初衷，最终将与区域均衡发展的目标渐行渐远。相比之下，在第二类城市群中，由于各地区的核心竞争力与区域内其他地区不构成竞争关系，地区之间的结盟不仅能形成规模效应，还能够形成竞争优势叠加，进而提高最终产品在国际市场的竞争力。加之每个地区都具有相对独立的竞争优势，即使产业链上某一环节出现突发状况，其他环节仍可凭借其在各自领域的绝对优势在国内外市场上独立参与竞争。因此，第二类城市群在现实中虽然十分少见，却是城市群发展的趋势和目标。

只是，要想实现第一类城市群向第二类城市群的过渡，又谈何容易。

第三章　制度的两难境地

有时候，不正确的选择可以带来正确的结果；而造成不正确结果的却是因为正确的选择。

——村上春树

城市群一体化建设的推进，是作为中国城镇化和城市经济发展要经历的必然阶段、全国一体化的必由之路，是中国改革开放持续推进必然面对的趋势。城市群建设的成功与否，直接关系到中国的改革开放能否继续向前推进。但是，一体化的进程并非一帆风顺，想要打通城市之间的种种联系形成城市群或实现非均衡一体化向均衡一体化的过渡，都不是容易的事，也都不是单纯依靠市场经济和技术进步就能完成的。

一、当技术创新遭遇瓶颈

如何才能实现长期、稳定的经济增长？

这个问题的答案，不仅产业资本想知道，地方政府也想知道，我们的国家更想知道。

在凯恩斯革命之前，经济学家们的关注点都集中于生产要素在微观市场的配置活动，尽管凯恩斯主义将这一问题从微观领域拓展到了宏观层面，但仍然局限在资本和劳动力这两种生产要素的配置上。直到熊彼特（Schumpeter）在《经济发展理论》一书中提出了创新理论，经济增长问题才出现了新的关注点。1939 年，熊彼特在其另一本著作《经济周期循环论》中，更加详尽地阐述了他的创新理论，还专门提到了技术创新的后续内容——技术扩散，它和技术创新一起，构成了今天我们所说的"技术进步"。

一项关于技术转移①的研究发现，通过技术创新，企业可以实现 22％ 的平均收益，而通过技术转移和扩散，企业的平均收益可以提高至 55％。这说明技术的转移和扩散才是科学技术成果转变成现实生产力并实现其经济价值的根本途径。而加速技术扩散的一个非常有效的途径就是模仿创新。改革开放 40多年来，中国一直凭借"后发优势"，靠着模仿和引进发达国家的技术和设备来支撑工业发展，由于模仿创新比自主创新的成本更低，中国在很短的时间里基本完成了对传统产业的增量改革任务。

从图 3 - 1 所展示的这 40 多年的经济增长水平来看，在最初的一段时间里，中国在固定资产投资和外贸出口的拉动下保持了数十年的高速增长。② 随着投资驱动增长的边际报酬递减，加之欧债美债危机持续发酵，上一轮增量改

① "技术扩散"与"技术转移"是两个十分相似的概念。部分学者认为，这两个名字只是在对技术传播的范围划定上有所不同，前者指的是技术的国内传播，后者则是指技术在国际上的运动，但二者的传播形态和传播途径都是高度相似的。

② 邹至庄等学者在使用 C－D 生产函数解释中华人民共和国成立以来的经济增长后得出结论：1978 年之前，中国是没有技术进步的，该阶段的经济增长基本来自于资本投入；1978～1998 年，尽管资本投入对经济增长的贡献超过 60％，但这一阶段已经出现了明显的技术进步，且全要素生产率对经济增长的贡献已经达到 28％ 左右。

革所能提供的边际红利开始出现明显的下降，2013 年，中国 GDP 增长告别了两位数的增长率，回落到 10% 以内，"经济新常态"这个词被正式提出。与此同时，以单纯增加生产要素投入实现经济增长的粗放型发展所积累的问题也逐渐暴露出来，各地产业结构趋同、工厂重复建设、工业低效高耗、生产成本高居不下、产品质量难以提高、生态环境令人担忧……

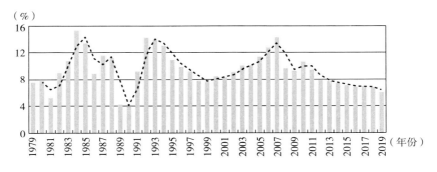

图 3 - 1　1978 ~ 2019 年中国 GDP 的实际增长率

旧动能式微，而中国的经济发展仍有很长的路要走，中国迫切需要寻找新动能继续推进这场增量带动存量的改革。就在这个时候，中共十八届五中全会提出了"创新、协调、绿色、开放、共享"的发展理念，并把创新作为引领发展的第一动力。就这样，创新替代了出口，被确定为这一阶段经济增长的新动能。

有学者指出，国家提出"创新驱动"，是要将技术进步从技术扩散、模仿创新向自主创新领域延伸。这当然没有错，但不够全面。尽管熊彼特之后，大多数学者都将有关创新的研究聚焦于技术创新领域，但事实上，创新并非只包含技术创新这一项内容。即使是熊彼特本人，也从未在创新和技术创新这两者之间画上等号。《经济发展理论》一书中提出的"创新"一词所覆盖的范围非常广，不仅包含技术性的，也包含非技术性的。在熊彼特看来，只要是一种新的生产函数，或者说是一种之前未被采用过的关于生产要素和生产条件的

"全新组合"，能够令生产要素利用效率得到提升，并实现比之前更高的企业利润，就被认定为是创新。基于这一观点，熊彼特开创性地提出了创新的五种情况，即新产品、新生产方式、新市场、新供应渠道和新生产组织形式。

那么，依照熊彼特所说，企业要想在最大限度内实现超额利润，最理想的情况就是"集齐"上述五种创新形式——企业通过新的供应渠道取得原材料，使用新的生产组织形式和新生产方式获得新产品，并将销售扩大到新市场。对于前两种创新，即新产品和新生产方式，企业完全可以通过技术创新及之后的技术转移和扩散来实现，但后三项创新内容，却不能单纯依靠技术创新来完成。

一方面，新市场和新供应渠道的获得，并不能只依靠企业的供销部门开拓。我们在上文曾提到过，区域一体化的初衷，就是要通过要素市场一体化来实现产业发展的规模经济，从而达到成本长期递减的目的。而要实现要素的跨行政区划流动，必须要有政府的参与才能完成。另一方面，新生产组织形式的设计思路也不应仅局限于企业内部。比如上文所提到的产业集群，就算是一种比较新的生产组织形式。不过，打造产业集群的好处绝不只是降低企业的制度成本。这里就要用到上文提及的一个概念——技术扩散（Technological Diffusion）。所谓技术扩散，是指技术从获得到推广，再到商用直至被淘汰的整个过程，是技术从一个地区传播到其他地区的过程。这让地理空间成了一个不可忽略的因素。由于技术扩散同时受到历史、地理和文化等"基础性因素"① 和法律框架等"社会性因素"② 的影响，产业的拓展表现出一定的空间黏性，这令技术扩散更容易在城市群内部发生。按照布莱德（Pred）所归纳的：新技术

---

① Spolaore E., Wacziarg R. Long - Term Barriers to Economic Development [J]. CAGE Online Working Paper Series, 2013（2）：121 - 176.

② Hodgson G. M. The Approach of Institutional Economics [J]. Journal of Economic Literature, 1998, 36（1）：166 - 192.

往往是首先扩散到区域的中心城市，其次是中心的周边地区和次中心，最后是次中心的周边地区直至区域边缘。在这个过程中，区域内的产业集群就是技术扩散最重要的行为主体和技术载体。企业越快引入新技术，技术扩散就越迅速，集群的生产效率提升就越快，地区经济增长也就越快。由于产业集群所涉机构为数众多，且分布在不同行业，加之每个城市都具有自己的比较优势，依据功能互补原则，我们不能期望产业集群植根于同一座城市，但正如上文所描述的那样，跨地区的生产组织形式缔结，同样要考虑政府的因素。

通过政府的参与来加速区域一体化进程，成为改革在现阶段新旧动能转换的关键节点。而这恰好是我们通过制度创新能够实现的。

二、制度变迁，功夫在微观市场之外

通过制度创新实现经济增长的最好案例，莫过于中国的改革开放。

如果仅从主流的新古典经济学范式出发，经济增长都是源自完善的市场经济体系中某种生产要素投入的积累。

$$GY = GA + \alpha GL + \beta GK \tag{3-1}$$

根据式（3-1），倘若资本（K）、劳动（L）和技术进步（A）不发生变化，长期稳态路径下的产出增长率 GY 基本不会大于零[1]。很显然，改革开放之前的中国并不具备实现这种经济增长的前提条件。正因如此，中国改革开放在最初阶段并不被国际经济学界看好。国外倡导新自由主义发展理论的社会经

---

① 该公式为全要素生产率的计算公式，GA 一般被视作全要素生产率或技术进步率，不过，全要素生产率并不能完全被认定为是技术进步。换言之，如果 A 表示技术，则 GA 仅代表技术进步率，而非全要素生产率；反之亦然。对于这一判断，后文会有专门的文字进行解释。

济学界普遍认为，中国要想实现经济持续快速发展，需要的是市场化和私有化，是政府将"看得见的手"从经济领域撤出来，同时建立市场经济体制。而中国当时选择的计划经济与市场经济并存的"双轨制"明显与主流理论的倡导相悖，经济效率不可能理想，还容易滋生出寻租、腐败、贫富差距拉大等一系列问题，是最不可取的发展模式。甚至有西方经济学家预言中国的改革开放在取得短期成效后，会因为稀缺资源配置效率的损失而难以为继。而现实情况是，尽管我们在改革过程中的确出现了一些国外学者所说的，诸如城乡差距、区域差距、国有资产流失等问题，但在"摸着石头过河""不管黑猫白猫，能捉老鼠的就是好猫"的改革思路下，将近40年的高速增长实实在在地发生了。国内外经济学家纷纷将这一"中国奇迹"归功于中国政府主导的、自上而下的制度变迁①。

20世纪90年代开始，新制度经济学在中国盛行②。尝试使用制度变迁理论解释中国经济增长的学者认为，中国的改革之所以能够取得瞩目的成就，恰恰是因为在具体实践当中，中国将经济体制改革的核心，设定为用市场价格体制代替"既不反映成本又不反映市场供求关系变化的计划价格制度"，建立起以价格机制为核心的社会主义市场经济体制，同时辅以必要的宏观调控手段③。

---

① 尽管中国的经济体制改革表现为由政府主导的、自上而下的制度变迁，但我们必须清楚，改革得以持续推进的最根本原因是：在经济非均衡条件下，企业在很长一段时间里都未能成为独立的市场主体，只负责完成国家下达的生产计划，不负责响应市场需求，由此造成了产品和要素市场上的供求缺口，且这一缺口无法在现行制度框架下自动填补。所以，改革就是要将之前政府主导的经济发展模式转变为市场主导模式，是顺应发展需求、符合发展规律的。换言之，任何一场主动的制度变迁之所以能够成功，在客观上必然存在着某种变迁诉求。

② 一般认为，最早用制度变迁理论解释经济增长的是1973年Douglass North 和 Robert Thomas 合作出版的《西方世界的兴起》。这本经济史学巨著一改自 Joseph Schumpeter 之后，研究者们在研究经济增长原因时将技术创新奉为圭臬的传统，旗帜鲜明地指出：有效率的制度安排是经济增长的关键，一套有利于资本主义发展的制度安排，才是西方兴起的原因所在。

③ 吴敬琏. 改革大道行思录［M］. 北京：商务印书馆，2017.

时至今日，我们已经对"商业领域价格应当由市场决定"这个判断达成了共识，而且在绝大多数情况下也的确是这样做的。但在实际操作过程中，仍有人会因为对宏观和微观领域界限的混淆而陷入调控/干预的误区。举一个典型的例子——货币超发的结果之一是物价上涨，商家在观察到物价上涨时，往往不会立即出售存货，因为这样物价就有可能下跌，至少涨幅不会像之前那么大了；居民观察到物价上涨时，往往会增加购买量，以对抗持续涨价的风险。一边是供给缩紧，另一边是需求量增加，供求缺口形成明显的刚性，无形之中强化了物价上涨的动力，于是就派生出商品价格越涨越买、越买越涨的反常现象。短期内遭遇物价大幅上涨对任何一个国家来说都不是好事，政府必然会有所作为。类似的情况其实有很多，尤其是面对市场失灵的时候，政府如不加以干预，极有可能造成市场垄断、产业结构失衡、生态环境破坏、收入分配不公、公共服务不足、底层百姓福利受损等一系列社会问题。因此政府必须进行及时有效的干预。这时政府有两种选择：一是通过限制商品价格或购买数量的方法直接对微观市场进行干预；二是从宏观层面改善货币超发的情况。第一种方法看上去相对容易一些，但却并不是正确的操作。无论你在哪个行业，是否学过经济学，都可以在消费品市场很容易地观测到第一种做法所带来的后果，就是供求缺口刚性①。"二战"期间的英国、20 世纪初的古巴，都曾因政府直接干预微观市场造成了难以弥合的供求缺口，由此滋生出大量的黑市交易，进一步破坏了市场秩序。

显然，政府好心办了坏事。

政府心里其实也很委屈，毕竟这种干预的出发点是善意的。可一旦出了问题，老百姓抱怨的矛头也就自然指向了政府。

---

① 之所以称这一类供求缺口是"刚性"的，是因为由政府限量和限价造成的供给与需求之间的差距，只能由政府通过取消限制政策来消除，市场无法通过非政府的手段自动达到均衡。

如此看来，对微观市场的直接干预结果应该都不会很理想。

看到这儿，可能有的朋友会说，在新冠肺炎疫情蔓延期间，如果没有国家对抗疫物资价格的严格管控和对哄抬价格的严厉打击，而是放任市场价格飙升，后果肯定不堪设想。的确，政府在抗疫管控上直接干预了微观市场的运行，并且取得了令人满意的成果。但我们也应该看到，政府在限制物价的同时，还通过延迟复工复学和为口罩生产企业开辟绿色通道等一系列举措降低了刚性需求、提高了市场供给，在最短的时间内推动价格回到了均衡水平。也就是说，即便是在应对突发事件时，政府对微观市场的干预，也必须遵循市场价格机制。更何况，在一般情况下，微观市场的异常波动，大多是对宏观经济异动的反映。

痛定思痛，2015年出台的《中共中央国务院关于推进价格机制改革的若干意见》在总结了过往经验教训的基础上，明确提出了"紧紧围绕使市场在资源配置中起决定性作用和更好发挥政府作用，全面深化价格改革，完善重点领域价格形成机制，健全政府定价制度，加强市场价格监管和反垄断执法，为经济社会发展营造良好价格环境"的指导思想，和"正确处理政府和市场关系，凡是能由市场形成价格的都交给市场，政府不进行不当干预"的指导原则。指导意见的提出，不仅使中国的市场化改革更前进了一步，也为城市群的一体化建设穿越重重障碍，提供了解决思路。

不管怎样，虽然我们距离政府干预撤出微观领域还有很长的路要走，但这的确是一个很好的开始。

三、强者恒强，还是先富带动后富

正如前文提到的那样，改革开放这40余年来，政府抓在微观市场上的这只"有形之手"一直没有松开，价格体系的改革也仍然没有完成，直接导致社会分配不公程度的加剧，而且社会分配的不公首先可以通过个人贫富差距急速扩大。这一结果很容易通过统计数据的发布被所有人感知——2020年国家统计局发布的《中国统计年鉴（2019）》显示，2019年，中国有超过7000万人的月收入超过1万元，却有超过5.6亿人的月收入还不足1000元。在个人收入差距扩大的背后，是区域内部发展的非均衡程度加剧：一方面，中心城市的GDP在全国所占比重接近30%（见图3-2），人均收入高出全国平均收入的40%还多；另一方面，城市群的其他城市人口持续大量外流，GDP占比持续下降[1]。这就是中国当前的基本国情，只不过我们都知道，这并不是一个好现象。

1. 怎样才算均衡

不过这里还是想对"非均衡"的含义稍作强调。"均衡"并不意味着"均等"，这是两个不相同的概念。"均等"，从字面意思来看，就是"平均、相等"的意思；均衡，则是在均等的基础上，又增加了"平衡"的意思。

举一个很简单的例子，大家都听说过"营养均衡"，说的是人体每天汲取的营养物质的最佳状态是种类齐全、数量足够并且配比恰当。比如按照合理营养要求，人体所需的三大营养素供热占总热能的百分比分别应该是：蛋白质10%~15%、脂肪20%~30%、碳水化合物60%~70%[2]。当一个人每天摄入的各种营养素在这个范围内，我们就会说他吸收的营养是均衡的；反之，如果只摄入其中的一种作为供热营养素，或者对三种营养素做平均分配、各摄入1/3，他吸收的营养都是不均衡的。

---

① 资料来源：国家统计总局。
② 参见由中国营养学会编撰的《中国居民膳食指南（2019）》。

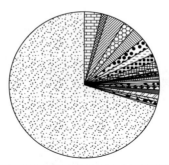

北京：3.59%	天津：1.43%	上海：3.86%	广州：2.49%	深圳：2.73%
重庆：2.39%	成都：1.73%	武汉：1.64%	郑州：1.18%	西安：0.95%
湛江：0.31%	兰州：0.29%	西宁：0.14%	海口：0.17%	呼和浩特：0.28%
哈尔滨：0.53%	沈阳：0.66%	长春：0.60%	青岛：1.19%	福州：0.95%
泉州：1.01%	厦门：0.61%	温州：0.67%	汕头：0.27%	其他：70.56%

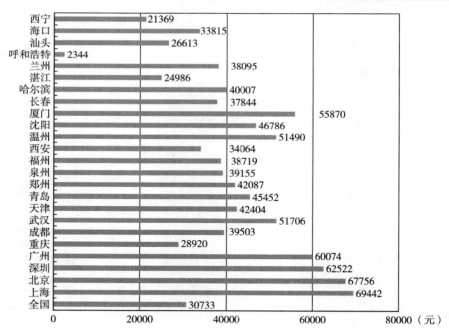

图 3 - 2　2019 年国家级城市群各中心城市人均可支配收入及占比

经济学所讨论的"均衡"，和营养均衡的道理有些相似，只不过这个均衡
是由供求关系决定的：在其他条件不变的情况下，供不应求会造成价格上涨，

供过于求会带来价格下降。超大型城市对某个行业的人才需求量大、劳动强度高，这一类人的工资收入高，这本身就是一种均衡的表现。一个城市的经济发展速度快，对应着劳动者的高劳动报酬和高消费水平，这也是一种均衡。换句话说，均衡并不意味着全国所有地区的经济体量、发展速度、个人收入和物价水平都相等。这种完全相等的状态既不现实，也不符合客观规律。

区域经济发展的道理也是一样。

我们首先要意识到，城市群一体化建设的最理想状态，是在处于相同发展阶段的城市之间进行[①]。因为如果两个城市的实力不对等，对彼此需求的平等化就得不到保证，二者必然会按照垂直分工开展合作[②]。处于低附加值工序的城市除了通过比较成本优势来获取订单，再没有其他办法。在前文中，我们曾经以冰箱的产业链为例，分析了两种城市群的结构，其中第一类城市群的发展状态就是属于这种情况。由于中心城市在对生产要素的吸引力上具有绝对优势，其虹吸作用将一直大于扩散作用，由此形成的恶性循环，其最终的结果只能是城市之间的差距越来越大、矛盾越来越激烈。

在传统产业结构分析中，任何地区在处于特定时期或特定发展阶段时，都需要一定的生产要素数量和结构与之相匹配，比如一定量的社会资本和一定占

---

① 这里所指的相同的发展阶段，并不仅仅是工业化过程的各个时期，还包括各发展时期的不同阶段。依据钱纳里的工业阶段化理论，工业化过程可分为四个时期：轻工业发展时期、原材料重工业发展时期、加工组装重工业时期和后工业化时期。一国的工业化过程往往会先后经历轻工业—重工业—第三产业（即后工业时期）的阶段性演变。其中，轻工业发展时期对劳动力的吸纳能力最强，而重工业发展时期则因其资本密集型特征而表现出有限的劳动力吸纳能力。在此基础上，借用生命周期理论，每个工业化发展时期又包括进入、发展、成长、成熟和转型4个不同阶段。每个阶段对劳动力的数量和质量要求也各不相同。

② 垂直分工，又被称为"要素分工"，是指在同一产品的生产中，不同生产主体之间根据技术和附加值程度的高低进行的分工。这种分工方式存在于工业化程度不同的生产主体之间，在国际分工中表现为工业国和初级产品生产国之间的分工。与垂直分工相对应的，是水平分工，一般是指不同生产主体提供的产品具有相同或相近的技术水平和附加值。水平分工才是区域一体化应当采取的分工形式，但从现阶段的发展状况来看，包括三大成熟城市群在内的绝大多数城市群的内部分工，都是以垂直分工为主，极少按照水平分工合作。这也是我国城市群建设有效推进的又一障碍。

比的高端劳动力。即便是同一个地区，因其所处的发展时期和阶段不同，所需要的各种生产要素的数量和结构也不相同。一般来说，处于同一时期、同一阶段的两个城市，所提供产品的技术和附加值含量大致是相当的；而处于不同时期，甚至是处于同一时期、不同阶段的两个城市，所提供产品的技术和附加值含量往往都不相同。

一个城市群的中心城市因为其巨大的经济体量，所需要的资本量比区域内其他城市更大、需要的劳动力学历层次更高、愿意提供的工资报酬更多，这是正常现象，尽管并不"均等"，却不能被认定是"非均衡"。就比如当下的北京，已经进入到了后工业化阶段，而河北保定还处于一般加工组装重工业向深度加工阶段过渡时期，两个城市需要的资本和劳动力数量、种类和比例是完全不一样的。那么问题来了，我们该如何判断一体化是否均衡呢？如果城市群的各个成员之间按照水平分工结成经济合作，彼此提供的产品在技术和附加值含量上大抵相当，我们就认为这个城市群的发展是"均衡"的；反之，如果一个城市群是依靠垂直分工建立起来的，这种关系就是"非均衡"的。[①] 如果过多的资本和劳动力资源持续流入中心城市，甚至已经超过了其所需要的数量，并由此导致中心城市的居民获得的公共服务水平和生活体验下降，甚至是劳动力价值被低估，同时处于低附加值工序的城市却因未能得到足够的生产要素，一直无法提高产品的技术含量，那么这种关系不仅是"非均衡"的，而且是不可持续的。

我们现在的城市群建设所面对的，有相当一部分都是这样一种非均衡，甚至是不可持续的情况。

---

① 尽管城市群不应当按照垂直分工来建立，但都市圈却可以。一个非常重要的原因是，任何高精尖的技术产品上都不可能完全没有最普通的零部件，这些基础零件的生产，就是由都市圈的外围城镇完成的。这些零部件的附加值很低，从成本角度考虑，使用本地生产的零件要比和区域外的供应商合作更便宜。

而这种非均衡发展状态的形成，是特定历史背景下政府选择的结果。

2. 先富的"带不动"没富的

中华人民共和国成立初期，工业主要集中在东南沿海地区——全国 80% 左右的钢铁生产分布在沿海地区，70% 的纺织业集中在天津、青岛和上海。内陆地区尤其是少数民族地区，几乎没有现代工业。这种区域之间极不平衡的产业分布带来的是极大的地区差距。在这种背景下，政府谋划工业区域布局时，是基于既有优势、让东部沿海地区优先发展，还是培植欠发达地区、在全国范围内尽可能均等地配置生产力，是摆在中国政府面前的截然不同的两条路。

考虑到 20 世纪 50 年代复杂多变的国际环境，为了不再陷入被动挨打的困境，国家不得不选择重军工业优先发展战略。因此，在规划工业布局时，首先考虑到的是国防安全，其次则是要靠近原料产地，同时也是为了缩小区域之间的发展差距，让大工业在全国尽可能均衡地分布，政府最终选择了区域经济平衡发展战略。

在上述建设原则指导下，东北和中西部内陆地区就成了最好的选择。1957 年，新中国在东北和中西部地区先后建成了以东北工业基地为首的八大工业区①。进入 20 世纪 60 年代，为了"准备打大仗"，党中央展开的规模最宏大、延续时间最长的一次工业体系建设。实际上，中国在改革开放之前的 30 年间，一直推行的都是向内地平衡发展战略。一方面有步骤、有重点地增加内地建设资金，另一方面减少沿海投资。"一五"计划确定的 694 个限额以上的工业建设项目中，有 472 个分布在内陆地区；"156 项重点工程"中的 106 个民用工业项目，有 50 项被布局在了东北地区，32 项布局在中部，24 项布局在西部，

---

① 这八大工业区分别是：以沈阳、鞍山为中心的东北工业基地；以京、津、唐为中心的华北工业区；以太原为中心的山西工业区；以武汉为中心的湖北工业区；以郑州为中心的郑洛汴工业区；以西安为中心的陕西工业区；以兰州为中心的甘肃工业区；以重庆为中心的川南工业区。

44 个国防项目中的 35 个都布局在了中西部地区（见表 3 - 1）。

表 3 - 1 "156 项重点工程"的空间分布

地区	数量	城市（项目数量）
黑龙江	22	哈尔滨（10），富拉尔基（3），鹤岗（4），佳木斯（2），双鸭山（1）
吉 林	10	吉林（6），长春（1），丰满（1），辽源（1），通化（3）
辽 宁	24	沈阳（7），抚顺（8），阜新（4），鞍山（1），本溪（1），大连（1），葫芦岛（1），杨家杖子（1）
内蒙古	5	包头（5）
新 疆	1	乌鲁木齐（1）
北 京	4	北京（4）
河 北	5	石家庄（2），邯郸（2），热河（1）
山 西	15	太原（11），大同（2），侯马（1），长治（1）
陕 西	24	西安（14），兴平（4），宝鸡（2），户县（2），铜川（1）
甘 肃	8	兰州（6），白银（1），郝家川（1）
河 南	10	洛阳（6）、郑州（1）、三门峡（1），平顶山（1），焦作（1）
安 徽	1	淮南（1）
湖 北	3	武汉（3）
四 川	5	成都（5）
重 庆	1	重庆（1）
湖 南	4	株洲（3），湘潭（1）
江 西	4	南昌（1），赣州（3）
云 南	4	个旧（2），东川（1），会泽（1）

资料来源：董志凯，吴江．新中国工业的奠基石——156 项建设研究［M］．广州：广东经济出版社，2004：420 - 493．

　　正是这种国防原则，造成了中西部许多企业选址上的分散和隐蔽，违背了聚集产生规模效应的经济规律，经济效益并不理想，自然也就无法形成有效的增长极，最终也没能较好地带动地方经济的发展。而且虽然沿海地区在这一时期保持了较快的增长水平，但由于在战后一片废墟上建立起来的中华人民共和国，能够提供的生产要素实在是太有限了，资源和政策向内陆倾斜意味着沿海的老工业基地无法获取到足够的投资，之前的重轻工业优势也都无法得到充分利用，因此发展速度也并没有很大提升。

总而言之，这一时期的均衡发展战略对经济发展的整体贡献并不理想①。东部地区作为经济增长极的作用被人为地抑制了，进而丧失了长达 30 年的发展机遇，拉开了中国与发达国家的差距。令人困惑的是，均衡发展战略并没有像政府计划的那样实现内陆地区与沿海地区的平衡发展，更没能从根本上改变南北区域发展水平格局，反而扩大了二者之间的地域差距，与当初订立的建设目标南辕北辙。

3. 后富的"顾不上"先富的

鉴于均衡发展战略差强人意的实施效果，政府必须在继续均等化发展和发挥既有优势之间做出选择。为了能够让有限的资源发挥出最大作用，在改革开放之后，政府选择放弃了区域均等化的发展思路，开始实行向东部沿海省份倾斜的不平衡发展战略。前文曾提到过，和"共同富裕"的建设理念一样，区域发展秉承着"让一部分地区先富起来，先富带动后富，最终达到共同富裕"的思想，在"七五"计划时期提出用"东部、中部、西部"的区域格局划分标准取代"沿海、内地"的划分标准，提出对东部沿海地区实施优先加速发展战略。为了使东部地区获得更大的经济发展自主权，在这些地区大力推行一系列的经济体制改革，长三角的建设规划就是在这个时期提出来的。同时，政府还有计划有步骤地推动沿海地区的对外开放进程，充分利用国外的资金、技

---

① 我们必须看到，国防原则指导下的城市工业化建设的确推动了内陆地区的经济发展。东北地区的经济在此期间得到了较快发展，中西部地区的生产总值占全国 GDP 的比重也出现了显著提高。到了1978 年，北方聚集了大部分高收入城市，人均 GDP 在高于全国平均水平的同时，比南方高出了将近20%。更为重要的是，聚焦于国防安全的工业布局奠定了内陆地区的工业基础，构建了坚实的战略后方。

术、管理方法和市场等来发展地区经济。短短四年时间里，全国外商直接投资总额中的88%①都集中到了东部沿海地区，极大地提高了东部地区的发展水平，增强了经济实力。

遗憾的是，这一阶段优先发展地区的资源聚集远未达到饱和，自然也就没有出现任何发展阶段转换的迹象，与此同时，北方地区国有经济占比较大，产业结构和财政来源都相对单一，始终没能走出计划经济的框架，这使南方地区的聚集效应远远超过了扩散效应。最终还是没能达到预期的带动周边落后地区尤其是中西部地区的经济发展的目的，出现了"一个国家、四个世界"的现象：处于"第一世界"的北京、上海、深圳等发达城市，人口占全国总人口的比重还不到5%，人均GDP已经超过了世界中等收入国家的平均水平，中西部贫困地区和农村地区的人口占比超过全国总人口数量的一半，人均收入却比世界低收入国家的平均水平还低②。

与第一阶段的战略实施效果刚好相反，虽说先富起来的东部地区一直忙于自身建设，无暇顾及中西部地区的发展诉求，但恰恰是在这一时期，区域之间的经济发展差距出现了下降，真实人均GDP的相对差异系数由1978年的136.58%下降到1991年的81.9%③。

经过了两个阶段的探索，国家终于在1991年启动了"区域协调发展战略"。但前期因资源优势和政策倾斜导致的城市差距早已形成，并且很难逆转。与此同时，价格改革推动顺势而上的南方乡镇企业凭借生产终端产品在市场经济中站稳了脚跟，迅速成为经济发展的重要力量；而传统老工业基地的重工业和基础产业却面临资源枯竭、技术设备老化和工业效率偏低，昔日的优势大打折扣，北方和中西部地区风光不再。这样一来，区域之间和区域内各城市

---

① 数据来源：《中国统计年鉴（1991）》。
② 胡鞍钢：《中国：走向区域协调发展》，《经济前沿》2007年第2期，第4-9页。
③ 数据来源：《中国统计年鉴》。

之间的"两极分化"就更大了。

通过对那个年代的简单复盘,我们大抵都会认同区域之间经济"非均衡"这个结果。但城市之间的非均衡状态又从何说起呢?

4. 没富的"赶不上"富起来的

众所周知,任何战略的落地都会辅以一系列配套政策和措施,区域发展战略也是如此。与区域工业布局相配套的,是内陆地区和沿海地区先后推进的城市化建设。

首先,工业化建设当然要在城市中开展。为了优先保证工业不在 1949 年以前建立起工业的沿海地区发展,国家在"一五"计划实施时期,除新建 6 座城市以外,大规模扩建的城市有 20 座,一般扩建的城市有 74 座[①]。许多过去工业基础薄弱的地区,逐渐成了新兴的工业城市,其中就包括哈长城市群的中心城市哈尔滨和长春、中原城市群的中心城市郑州和洛阳,还有成渝城市群的中心城市成都。其次,上文也曾提到,点轴式的区域开发需要至少一个中心城市。为了能够在区域内建立起具有方向性、支配性的主导产业,"八大工业区"的概念被提出的同时,也确定了区域的中心城市,沈阳、唐山、太原、西安和兰州等地正是在这样的背景下被委以重任。最后,以重点城市带动整个区域发展的思路一直被沿用。在推行优先加速发展战略之初,国家仍然秉承的是这样的思路,率先开放了 14 个沿海港口城市,在这些城市先后建立了 15 个经济技术开发区,并向开发区落实了税收、用人和土地使用等许多优惠政策。被人熟知的"两免三减半"的税收政策就是这一时期提出的。优惠政策吸引了大量外资涌入,迅速形成了产业、资本、劳动力的集聚效应,很快拉开了与其他城市之间的差距。这 14 个城市中的 8 座城市,后来也都成了国家级城市

---

① 田享华,刘梦洁. 城市化跨越启示:亟待制度改革创新[N]. 第一财经日报,2012 – 10 – 09.

群的中心城市①。

由于非市场化的城市竞争推动了一部分城市迅速崛起，并催生了这些城市产品市场和要素市场的繁荣。与此同时，城—城差距和城—乡差距随之而来。对想增值的资本和想赚钱的劳动力来说，这些城市的吸引力是难以抗拒的。于是，在后续市场化的城市竞争中，生产要素源源不断地从与邻近的欠发达城市和农村涌向发达城市，消费商品随之而来，资源积累直接带来了城市产业升级和产业结构优化，促进了城市发展的良性循环。

由于中国在改革开放的前30年中，一直发展的是以资本密集型和劳动力密集型产业为主导的产业结构，由于城镇化率较低，城市经济发展的基础比较薄弱，再加上丰富的劳动力资源禀赋形成的成本优势，使城市在很长的一段时间里都可以从粗放型发展模式中持续获得正向收益，因此这种产业结构迟迟没有向技术密集型产业为主导的产业结构转变。于是，一个非均衡发展的循环强化路径就形成了——一座城市依靠政策红利聚集了大量生产要素，并凭借禀赋优势推动自身实现了高速经济增长。高速经济增长一方面促使周边地区的生产要素持续向城市聚集，另一方面促使为了获得更多收益（包括经济增长和政绩）的政府持续向城市释放利好政策。天然与非天然的发展优势叠加在一起，吸引更多生产要素向这座城市集中，城市借此又将获得更快的发展速度。

后面的事情，我们在前文已经做了详细的描述。随着生产要素聚集越来越多，这些资源逐渐形成了发达城市"甜蜜的负担"，营养过剩的城市不堪重负，患上了大城市病。而它周围的欠发达地区由于资本和劳动力持续外流，无法支撑当地正常的经济运行，只能眼睁睁看着对方的身影远去，再一点点从自己的视线中消失。

---

① 14个率先开放的沿海城市包括大连市、秦皇岛市、天津市、烟台市、青岛市、连云港市、南通市、上海市、宁波市、温州市、福州市、广州市、湛江市、北海市。

选择区域优先发展的制度安排，城市之间差距扩大；选择区域平衡发展战略，城市之间的差距还是扩大。

这可让制度的制定者犯了难：按照增长极理论和丁伯根理论，城市在达到一定规模之后，极化效应将会削弱，扩散效应随之增强，进而惠及它周围的欠发达地区。而且就算市场无法自动完成这一过程，政府也会基于对自身利益的考虑通过积极的一体化建设来完成。这也是都市圈和城市群建设的基本理论依据和初步构想。然而现实却是，这一切在很长一段时间里都没有发生。

为什么呢？

一个非常重要的原因就是，地区之间存在着异常坚固的市场壁垒。

四、行政分割的高墙

在一般情况下，我们把所有对外部企业自由地进入市场、在位、发展直至退出市场的整个过程中，起抑制作用的因素都叫作市场壁垒（Market Barriers）。导致市场壁垒的因素有很多，规模经济、技术专利、品牌特色都有可能成为制约外来竞争者行动的障碍。不过，上述这些都是企业在市场竞争中逐渐形成的，属于常规性壁垒范畴。这种壁垒正是企业在国际竞争中胜出的关键，不仅不该被取缔，反而应当被鼓励和支持。而造成发达城市扩散效应不足的，是发达城市的政府为了保护当地利益而刻意树立的行政壁垒。

部分学者对行政壁垒的研究，是以20世纪80年代的财政体制改革为起点的。这部分研究认为，在分权制框架下，地方政府作为相对独立的利益主体，其经济利益和政治利益在很大程度上依赖于地方经济发展状况，这使地方政府的逐利行为构成了市场秩序的一部分，市场分割也就在所难免了。本书所持观点与此并不相同。众所周知，中国经济发展的一个显著特点就是"看得见的手"的力量非常强大。早在计划经济时期，尽管绝大部分生产资料和生活资料都是由中央部委在全国进行统一调拨，但所谓的全国市场也是以省为单位的相对独立的市场，而非真正意义的全国性市场。就拿传统行业来说，中国34个省级行政区划中，有31个地区都拥有自己的大型钢铁企业，而且每个地区都拥有自己的大型纺织企业。事实上，在计划经济时期，各省已经各自建立起较为完备的经济体系，基本可以实现省内工业经济的自给自足。

以此为基础，地方政府身上肩负了对中央与对地方的双向责任，而且其履职行为往往同时体现出政治上和经济上的双重身份：一方面承担着中央政府指派的有关规划和指标任务，同时也是中央政府主要财政收支的代理人；另一方面要充当处理地方事务的"家长"，承担并保障当地人口就业、提供基础设施、医疗、教育和支农等公共服务的主要责任，还要负责地方的经济增长。加之渐进式改革模式下，地方政府作为沟通中央政府和地方微观主体的中间环节，其强势地位一时很难得到实质性的转变，干预微观市场的能力在短期之内也不会被削弱。

在这种政治体系下，如果地方政府要想获得经济绩效，最直接的方法就是通过提高当地企业营收来获得地方经济增长。如果地方政府想要获得政治绩效，常规做法则是为当地居民提供良好的居住环境和足够的就业岗位，这二者又恰好来自地方企业正常经营对就业人口的吸纳和企业上缴的税收对公共物品支出的覆盖。于是，一个能够展示地方政府执政能力的核心指标出现了，就是地方经济增长。这也恰恰是中央政府对地方政府绩效考核的核心。由此，各地政府纷纷加入了这场基于GDP的单任务锦标赛。

地方政府不会不清楚，行政壁垒带来的GDP增长是一个"先甜后苦"的过程。在一个地区实施市场分割之初，限制生产要素流出和限制外来产品流入的政策可以增加本地的产出水平、扩大本地产品的市场份额，进而保证利税和财政收入的稳定增长。一旦所有地区都开启了"针锋相对"模式，本地产品在其他地区的市场份额就会降低，生产要素流入减少，本地区的经济利益相应也会减少。

随后实施的财政体制改革导致了这一现象的加剧。分税制改革之后，随着中央财政集中度的不断提高，地方财政收入的比重出现了明显下降，同时支出比例却没有明显变化，自"十五"计划时期以来，地方政府的财政支出比重长期维持在70%以上。教育、文化、卫生、体育及国防等多项支出仍是由地方政府承担。这意味着在地方政府预算约束被硬化了。虽然中央财政会通过转移支付和税收返还等方式来缓解地方政府的财政压力，还是很难弥合地方上的财政缺口。因此，在中央和地方"分灶吃饭"之后，尽管二者制度供给的行为动机仍然一致，即追求经济增长，行动目标却开始出现分歧——前者的目标是全国性的，后者则只着眼于自己所辖的行政区划内部。这也为后来区域一体化障碍的形成埋下了种子。

在这种背景下，可供地方政府选择的途径无外乎科技进步和增加生产要素投入。鉴于科技创新的长期性和风险性，技术进步很难在短期内带来直接经济效益①。所以在任期考核体制下，地方官员对任期绩效的短期利益在大多数时候都会战胜地区发展的长期利益，增加投资成了地方政府维持高速增长的首选。

这样一来，为了追求GDP增长、为了扩大税基，地方政府一边积极地利用政治手段去参与地区之间的微观市场竞争，保护本地企业、争夺外来投资，通过各种歧视政策限制稀缺生产要素外流，同时限制外地产品进入本地市场。

---

① 最典型的例子要数医药领域的技术创新。电影《我不是药神》中提到过一种治疗白血病的特效药——格列卫，不算此前大批科研人员在肿瘤细胞研究上所花费的时间和精力，仅从研发项目正式启动到成品药被批准上市，中间用了8年时间，耗费了大量人力、财力。但其实直到开始临床试验之前，公司都不确定这项研究是否能成功。

一边将政府投资向生产性基础设施建设倾斜，成为公共基础设施投资的主要推动者。尤其是进入 21 世纪之后，各个地区大规模向资本密集型产业注资，希望通过地方产业的重工业化继续支撑地方经济的高速发展。这一现象愈演愈烈，在 2008 年金融海啸之后更是加剧。这一套"组合拳"打下来，既能够增强当地的经济实力，又有助于提升地方政府的政治绩效，官员升迁水到渠成。有研究表明，由于转型时期"发展是第一要务"，地方官员的升迁一直表现出与当地经济增长正相关的态势①。同一时期，各地工厂重复建设、工业低效高耗、增长高速低质、地方保护主义、市场条块分割等现象陆续出现，由此带来了前文所说的产业结构、产品质量和生产成本等诸多问题，"诸侯经济"愈演愈烈。

行政分割带来的最直接的后果，就是不同地区之间的产业趋同程度极高，许多省级开发战略规划的主导产业都极其相似。就拿沿长江经济带来说，安徽的皖江城市带和湖北的长江经济带各自确定的重点发展支柱产业中，有四个主导产业是完全重合的。上海、武汉、重庆和南京等地，几乎都把汽车工业作为当地的重点发展产业。地区间的产业趋同化带来了严重的产能过剩，过剩又引发了地区之间的恶性竞争。受到地方利益的驱使，很多地区的内部保护主义十分严重，外地产品想要打开本地市场的大门，所要面对的不仅是本地企业的联合抵制，还要面对地方政府设置的行政壁垒。比如，一些城市要求跨地区经营的企业必须在当地组建独立法人机构，另一些则对外地产品或服务设定歧视性收费项目、规定歧视性价格，或者实行歧视性收费标准，还有地方政府滥用行政权力，限定单位或个人购买指定产品或服务，甚至在招投标活动中限制、排斥外地企业参与。1987～1997 年，各省居民对本省产品和外省产品的消费比

---

① 周黎安. 晋升博弈中政府官员的激励与合作——兼论我国地方保护主义和重复建设问题长期存在的原因 [J]. 经济研究，2004（6）：33－40.

例，从11:1飙升至21:1，省与省之间的壁垒也由35%飙升至46%①。46%是一个什么概念呢？中国在2018年之后，对美国进口汽车加征关税之后得到的税率是40%。地区间的隐含关税率之高可见一斑。在中部地区生活过的烟民可能都知道，在湖北买不到芙蓉王，在湖南买不到黄鹤楼。不仅如此，上海和武汉等城市甚至还曾经发生过拒绝给非本地汽车品牌上牌的情况，恶性竞争现象十分严重。恶性竞争进一步加剧了行政分割，而条块分割的地方保护主义带来的必然是地区产业的"大而全"或"小而全"，进而导致地区之间的资源大战，使有限的资源难以按照市场经济机制合理配置并有序流动，更不用提资源配置的优化了。这不仅与我们的经济发展目标背道而驰，更不利于城市群的一体化建设。也正因如此，作为政府主导建设的国家级城市群，长江中下游城市群一直与其他城市群存在很大差距，即使是在确定建设城市群之后，由于彼此之间的经济联系是相互竞争而非互补，区域内产业竞争也没有得到任何缓解，城市之间仍然无法实现流动性生产要素的配置优化，地区之间的松散关系并没有得到改善，建设效果自然不够理想②。

此外，尽管政府竞争导致了地方政府重基础建设、轻公共服务的支出结构扭曲，但城市经济增长状况越好、公共服务支出的总量也越大也是不争的事实。这其中的道理也很简单：一方面城市的经济增长本身就对生产要素构成强大的吸引力，进而带来高端人才向发达城市聚集；另一方面为了吸引外来资本和高端人才，城市也会主动提供更好的公共物品，形成公共物品供给与居民偏好相匹配的基本机制。因此，在财政分权状态下，各个城市的公共物品供给差距逐渐扩大，从表面来看，这种差距并没有对地方政府之间的GDP竞赛产生

---

① 桑德拉·庞塞特.中国市场正在走向"非一体化"？——中国国内和国际市场一体化程度的比较分析［J］.世界经济文汇，2002（1）：5-19.

② 从一些机构公布的数据来看，城市群建设前后，区域GDP增长的确出现了明显提升，但这其中大部分是政策红利，而非经济聚集带来的效果。

直接影响，但事实上这个因素不仅为欠发达地区的经济增长贡献了负向激励，对一体化产生的作用也非常关键。关于这一点，我们还会在后文中讲到。①

当我们了解了城市之间的真实关系，再回过头来看城市群内部的扩散效应。市场经济体制的日渐完善，并没有彻底消除城市群成员之间的行政分割，也没能打通城市之间的税收共享渠道。

对城市群和都市圈的中心城市来说，本地企业尤其是优质企业向其他地区转移，意味着要损失可观的地方税收和高质量的就业岗位，这是地方政府不愿意看到的。因此，中心城市为了"减负"，往往会鼓励和引导那些"三高三低"（即高投入、高能耗、高污染，低效益、低附加值、低辐射）的产业迁出本地。以京津冀城市群为例，根据北京市统计局数据，2013年，北京的汽车、计算机和医药制造三大制造业为北京贡献了63.4%的工业增长，对经济增长和就业保障的推动作用都很大，北京当然不情愿将这样的产业链，甚至仅仅是高端制造业的制造环节转移到天津或者河北。正因如此，最早出现在北京外迁企业名录上的，除了天维水泥和顺美塑料这一类"营养价值"极低的传统中小型企业之外，还有广为人知的动物园服装批发市场和大红门服装批发市场。

不过，和中心城市相比，成员城市的烦恼更多。在产业转移过程中，承接城市要考虑的问题很多：首先考虑的是转移产业的可持续性。"三高三低"的

---

① 依据政府竞争（Intergovernmental Competition）理论，一般来说，同类政府之间为了实现特定的目标（如吸引资本、吸引劳动力），会采取一系列手段展开竞争。降低税收和增加公共支出，也是政府财政竞争的两个方面——税收竞争和支出竞争。为了吸引流动性生产要素，地方政府一般会选择降低税率和提供税收优惠等手段开展"税收竞争"。为了能获得本地企业和居民的认可，地方政府往往要通过向社会提供高质量的公共物品来提高自身的吸引力，越是高质量的公共物品，越能吸引到高质量经济发展所需的生产要素，这就形成了地方政府之间的"支出竞争"。在支出竞争中，公共要素支出与公共产品支出都主要来源于地方财政收入，地方政府将公共支出全部用于其中一项的情况非常少见，更为常见的是，地方政府将一部分公共支出用于公共产品，另一部分则用于公共要素。基于我国数据资料的研究表明，在选择支出结构时，地方政府往往会由于财力有限，更多地把财政资源投入到有利于经济增长的基础设施中，从而挤占了政府公共服务支出。而且，官员任期越短，地方官员越倾向于扩大公共要素支出，以期在晋升竞赛中取胜。越是欠发达地区，公共服务支出被挤占的程度越高。

企业发展空间小，能够提供的就业岗位也不多，随着环境约束不断加强，此类企业随时都有关停的可能，可持续性自然不强。其次考虑的则是企业是否能够带来税收。如果产业资本在搬迁时，既希望享受承接地的优惠政策又不舍得中心城市的资源禀赋，遂选择将企业总部留在中心城市，承接地仍然无法从迁入企业处获得经济效益。最后还要考虑自身的对接能力。企业落户之后的正常运行，不仅需要政策和资本的支持，还需要足够数量和质量的劳动力与之相匹配，而迁入地与居民福利相关的教育、医疗和环境等服务的供给与中心城市存在一定差距，后者又不情愿将自己财政支出形成的公共物品拿出来与他人分享，那么对劳动力而言，随企业搬迁意味着从此将无法继续享受中心城市的公共服务，因此大部分劳动力尤其是高端技术人才并不会表现出强烈的迁出意愿，倘若当地的劳动力群体无法填补这个缺口，很容易造成迁入企业的水土不服。①

　　一方想承接的，另一方却不想给；一方想给的，另一方承接又有顾虑。最终，在本该扩散效应发挥作用的阶段，中心城市和其他成员的关系就这样僵住了……

　　这该如何是好？！

---

　　① 现实中甚至有一些新注册的企业，为了同时享受税收优惠和地区发展红利，仅仅是将公司注册在愿意提供优惠政策的税收洼地，工作人员仍然留在中心城市工作和生活。尽管这种做法部分地实现了一体化的目标，即产业向中心城市周边扩散，并增加了周边城市的财政税收，却仍没有从根本上解决中心城市的拥挤问题。

中 篇

看见劳动者

第四章　被规划跳过的第一资源

人民，只有人民，才是创造世界历史的动力。

——毛泽东

区域一体化制度创新的本意，是想在打破行政区划界线的基础上，在更大范围内进一步优化生产要素配置，以获得更大的经济增长空间。但在第三章的结尾处，我们也看到了，城市群建设遭遇了瓶颈。

一、要素配置中的替代与互补

根据生产理论，产出是由资本和劳动共同决定的。① 在制度框架和技术水

---

① 近年来，点餐机器人、无人便利店甚至无人酒店陆续出现，越来越多的简单劳动被科技产品所替代。一定有人觉得，随着技术进步，劳动者在生产中的作用正在被迅速弱化。不可否认，新技术革命在更大范围内实现了机器对体力劳动的替代，甚至对脑力劳动的替代也成为可能。但同样不可否认的是，这一轮技术革命不可能均等地渗透和惠及所有地区、产业和经济主体。在相当长的时间里，技术不可能完全实现对劳动力的替代，却有可能为劳动力的就业和流动造成更大障碍。

平一定的情况下，当资本和劳动达到某个合适的组合时，才能达到产出最大化的结果。因此，在绝大多数情况下，资本和劳动所表现出的是一种互补关系。

那么，我们如何衡量要素组合是否达到了最佳互补状态呢？

结合利润最大化原则，当生产要素的边际收益与边际成本相等时，生产者就能获得最大化的总利润。于是，我们可以得到这样的表达式：

$$\frac{MR_K}{R} = \frac{MR_L}{W} = 1 \qquad\qquad (4-1)$$

其中，MR_K 和 MR_L 分别表示资本和劳动的边际收益，R 和 W 分别表示资本和劳动的价格。我们也可以这样理解式（4-1）：当资本和劳动的单位边际收益所对应的价格（以下简称"相对价格"）都等于 1 时，生产要素配置不存在扭曲，生产者能够获得的总利润最大。

这里需要强调的是，W 作为劳动要素的价格，不能用劳动者的月工资来衡量，而是应当按照扣除工作时长和劳动强度系数之后的日工资计算。这就是前文提到的，发达城市工作节奏快、劳动者的工资收入高，并不是地区之间发展不均衡的表现。如果剔除工作时长和劳动强度的影响，高新科技企业的平均日薪未必高于传统制造业或服务业，发达城市的平均日工资也不一定就高于欠发达地区。

在现实中，MR_K/R 和 MR_L/W 并不是从一开始就等于 1 的。绝大多数时候，二者在生产之初甚至并不相等。

下面我们来讨论两种最常见的情况。

在讨论之前，我们令 $MR_K/R = m$，$MR_L/W = n$。

第一种情况：

在一个独立的城市中，如果 $m \neq n$，且 m，n > 1，说明资本和劳动各自面临的相对价格不一致，配置不尽合理且均未达到利润最大化。当 m > n 时，资本的相对价格低于劳动，资本便会产生离开该组合的意愿，因此会出现劳动对资本的替代；反之，m<n 时，劳动的相对价格更低，则会有更多劳动愿意进入该组合，出现资本替代劳动的现象。

第二种情况：

区域内有城市 A 和 B，无论是 $m_A \neq m_B$ 还是 $n_A \neq n_B$，说明两地之间资本的产出效率不同。如果 $m_A > m_B$，说明 A 地资本的相对价格低于 B 地，因此，A 地的资本则会流出；反之，$m_A < m_B$，则 A 地将会迎来更多资本流入。同样地，如果 $n_A > n_B$，说明 A 地劳动的相对价格低于 B 地，因此，A 地劳动要素将产生流出倾向；反之，$n_A < n_B$，说明 B 地劳动的相对价格更低一些，因此，B 地的劳动力将有意愿流入 A 地。

真实的社会生产活动中，上述两种情况往往是同时存在的，它们的相对价格都没有达到 1，生产者也没有获得最大利润。在替代行为发生之前，生产要素是实实在在被支付了，但回报并不令人满意，这种现象被称为要素投入的冗余或浪费。这时，生产要素流动就显得十分必要了。通过流动，生产要素可以流向相对价格更高的部门或地区，使要素配置更加均衡，最终实现利润最大化。

我们不妨设想这样一种场景：A、B 两地发展速度相当，经济体量相当；A 地处于轻工业向重工业过渡阶段，A 地劳动的相对价格低于当地资本的相对价格，存在资本替代劳动的倾向，且 A 地劳动的相对价格低于 B 地，存在劳动向 B 地流动的倾向；B 地则与 A 地恰好相反，处于轻工业充分发展阶段，资本的相对价格低于劳动，存在劳动要素扩张的倾向，且资本相对价格低于 A 地，有意愿从 B 地流向 A 地。在市场自由配置资源的情况下，资本自然而然地从 B 地流入 A 地，劳动力则反方向流向 B 地，直到两地的要素相对价格相等，则流动停止。最终两地均有机会实现生产要素的最优配置，即利润最大化配置。

这其实是一个最理想的假设。首先，两地经济处于均衡状态，甚至可以说是平衡状态；其次，两地生产要素的需求和供给恰好能够实现互补；最后，有支持要素自由流动的、完善的市场机制。

接下来，我们对上述场景稍加修改：A 地起步早、发展快，B 地发展则相对缓慢；A 地处于重工业时期向后工业时期过渡阶段，资本的相对价格高于劳动，一直存在资本替代劳动的倾向；仍然假设 B 地处于轻工业充分发展阶段，资本的相对价格低于劳动，存在劳动要素扩张的需求；但 A 地无论是资本还是劳动，相对价格均高于 B 地，因此 B 地的资本和劳动均存在流出倾向。如果还是让市场自由配置资源，资本仍然从 B 地流入 A 地，同时流入 A 地的还有 B 地的劳动，只要两地的要素相对价格仍然存在差距，那么这种流动就不会停止。

相比而言，后一种情况更接近现实。

以北京为例，众所周知，北京已经苦于大城市病久矣，但就在 2019 年，中国餐饮外卖行业的 14 起融资事件中，有 5 起都发生在北京。外卖行业融资本身就是一个非常典型的要素价格信号，一方面它说明北京仍然在向外释放对劳动力的吸引力，另一方面也反映出社会资本对北京的青睐程度并未下降。

那么，如果是市场机制完全起作用，结果会怎样呢？

最初，一定会有那么一个时间点，A 地资本和劳动的组合达到最优，要素配置处于顺应工业化发展规律的状态；但随后，由于 A 地生产要素的相对价格仍然高于 B 地，因此 A 地将要继续接纳来自 B 地的资本和劳动；此后，A 地的资本和劳动组合会在最优和非最优之间不断切换，有可能直到 A 地资本达到饱和，要素相对价格都不会低于 B 地，于是，要么一部分劳动被析出，和 B 地流出的其他劳动一起流向区域外的其他城市，要么这部分劳动力被低估，留在 A 地获取偏低（但仍高于 B 地）的劳动价格。而对于 B 地来说，随着要素持续流出，尤其是资本相对于劳动的流出量更大，也有可能达到要素配置的均衡点，只是该均衡是一种低水平均衡，资本的大量外流直接导致 B 地失去了产业结构升级的基础条件，更不用说失去劳动力的远期后果还要严重得多。

如果要素市场上出现了政府干预呢？

对于资本流入，一般来说，地方政府都是欢迎的。资本聚集不仅可以增加资本的供给数量，还可以通过实现规模经济来实现资本总体利用率的提高。但对于 A 地来说，持续流入的资本并不算是稀缺资源。因此，A 地政府自然会对流入资本有所要求，比如更青睐于重点税源项目，或是能同时确保经济、社会和生态效益的高质量项目，甚至可以为接纳此类资本，放弃当地原有的低效存量资本。在 A 地的生产要素不断扩容和代换中，产业聚集得以实现，产业结构得以优化。对于劳动流入，地方政府同样秉承着双重标准。而且 A 地本身对劳动流入的兴趣程度就相对较弱，加之所拥有的资本整体质量逐渐升级，因此，地方政府只会倾向于将门槛抬得更高，来限制低效劳动的进入，以达到优化要素配置的目的。

就这样，资本和劳动在替代关系和互补关系之间不断跳跃，寻找着均衡点，并从一个均衡过渡到另一个均衡。

这就是要素流动的真相。

我们的城市群一体化，目前正是处在这种状态下。A 地的情形接近于中心城市，B 地则可以被看作其他成员城市。在市场和政府的双重作用下，中心城市通过挑选行为，不断聚集高效率的生产要素，并希望通过"腾笼换鸟"，将低效率资本疏解到谈判能力较弱的成员城市①。而城市群中的许多成员城市，早期的经济发展主要依靠的是资源型工业，随着资源减少甚至枯竭，加之全社会对生态环境保护的诉求越来越高，此前的支柱产业在新的发展阶段逐渐

---

① 这个例子在一定程度上也解释了区域间的要素扭曲程度远小于区域内部的要素扭曲的原因。由于成员城市的资本和劳动相对价格较低，要素外流的倾向不可避免。改革之后，工业部门分工得以加强，区域间的市场分割程度随着"贸易"往来的增加而下降，尤其是优质资本和劳动力，即便在区域内部，无法顺利流向产出效率更高的地区，还有机会流向区域以外的地方。

失去竞争力，一方面整个产业所承载的劳动力势必会出现过剩现象，析出的剩余劳动力就有可能选择流出本地，另一方面受到产业凋敝的影响，当地经济发展水平也会降低，劳动要素的相对价格无法保持之前的水平，或是与其他发达地区的差距越来越大，劳动者也有可能选择离开。随着劳动力的流失，资源配置的合理性将越来越差，提升当地经济的可能性也随之下降，通过资本替代劳动力更是无从谈起，这个地区也就逐渐凋敝了。此时，不承接中心城市疏解出来的产业和项目，地方经济状况就没有扭转的可能。可选择承接，一是可能不会对要素配置起到优化作用，二是无法提供与中心城市相当的要素相对价格。

于是出现了第三章结尾那一幕。

二、制度创新与全要素生产率

第三章结尾留下的问题，就是如何推动中国经济运行模式从"行政区经济"向"城市群一体化经济"过渡的问题。正如第三章提到的那样，中国经济迅速发展的背后，是政府在制度变迁的中心位置上，以行政手段推进着市场化进程[①]。从中华人民共和国成立初期推行计划经济到 1978 年改革开放，再到当前推动城市群建设，政府一直扮演着"第一行动集团"的角色。

在粗放式增长阶段，我们依靠海量投资（其中很大一部分来自政府投资）在很长时间里支撑了国家经济的高速增长，如图 4-1 所示，在 2007 年之后的

---

① 黄少安.制度变迁主体角色转换假说及其对中国制度变革的解释——兼评杨瑞龙的"中间扩散型假说"和"三阶段论"[J].经济研究，1999（1）：68-74，81.

十多年间，固定资产投资在 GDP 中的占比一直保持在 40% 以上。与此同时，居民消费的 GDP 占比却呈现出波动下降的趋势①。这意味着，投资形成的生产能力已经超出了国内居民的消费能力，有相当大一部分产品无法被国内市场消化，过剩成了必然的结果。

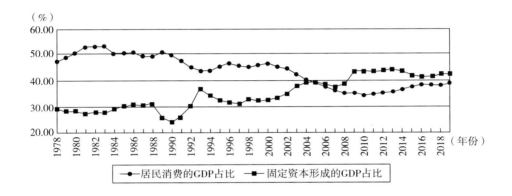

图 4-1　1978～2019 年固定资产形成与居民消费的 GDP 占比

不过，到了区域一体化阶段，这种"供给主导型制度变迁方式"② 在地方层面造成的区域内部资源错配，已经阻碍了区域经济效率的提升。一方面，随着基础建设工程日趋饱和，由政府主导的投资行为已经无法给地方财政带来丰厚的回报，反而带来了巨大的财政压力。根据中央国债登记结算有限责任公司给出的数据，2009～2019 年，中国的地方政府债券发行量由 2000 亿元上升至 4.36 万亿元人民币，增长了 20 倍。如果再加上中央财政负债和地方政府的隐性负债，政府负债率已经超过了 60% 的预警线。2018 年以来，

---

① 资料来源：国家统计局。
② 供给主导型制度变迁方式是杨瑞龙教授在其撰写的《我国制度变迁方式转换的三阶段论——兼论地方政府的制度创新行为》一文中提出的概念。具体是指，我国市场取向改革是在权力中心（党中央、国务院等国家权威部门）的组织与领导下，通过行政命令和法律法规的强制自上而下推进的。

各地方政府和国有部门的投资出现了不同程度的下降，在很大程度上就是受到债务压力的影响。另一方面，外贸依存度越高，国民经济越容易受到国际市场波动的影响，我们也不能长期依靠出口来缓解国内的产能过剩。的确，中国的对外贸易在改革开放的 40 余年间对促进经济发展方面起到了非常重要的作用。但一直以来，中国出口产品主要集中于劳动密集型产品，其附加值普遍低于进口产品，部分技术含量高的产品则长期依赖国外进口。按照这个趋势发展下去，中国很有可能就此陷入"比较优势陷阱"，并在国际贸易中长期处于劣势地位。另外，中国的外贸依存度不仅高于欧美发达国家，甚至在发展中国家里也是增长过快的。这无疑将我国经济暴露在巨大的经济连带风险和政治风险当中。

这种增长无论如何是不可持续的。

毫无疑问，政府失灵了。

如果市场失灵了，我们还可以找到政府想办法，于是政府通过干预经济活动来提高社会资源配置效率。现在政府也失灵了，我们又该怎么办？

既然一味地追求"总量"这条路走不通，不妨换个思路从"效率"上入手。

在这里，我们需要引入一个概念——全要素生产率（Total Factor Productivity，TFP），它衡量的正是资本、劳动力等所有投入要素的综合产出效率。

自 Solow 提出全要素生产率模型，并将生产率提高归因于技术进步后，有相当一部分学者继承了 Solow 的观点，认为 TFP 衡量的是技术进步对产出增长的贡献。但在现实中，TFP 有两个来源，除了技术进步，还有效率改善。而效率改善又可以分为技术效率改善和要素规模效率改善这两种。在微观层面，技术效率改善被归结为组织创新和制度创新的结果；要素规模效率即规模经济的实现，源自管理者的能力提升和经验积累。于是，有学者将组织创新、制度创新以及管理能力统统归入广义的技术进步。管理能力并不属于本书的讨论范

畴，暂不做讨论，只看将组织创新和制度创新归入技术进步这个提法就很值得
商榷。首先，广义技术进步的定义仅包括技术创新、技术扩散和技术转移，并
不包含组织创新和制度创新的内容，而技术扩散和技术转移尽管需要通过组织
来完成，但显然不能与组织和制度创新画等号。其次，组织创新和制度创新不
能被笼统地归入"管理技术"，制度和组织的变革也不能被认定是"管理行
为"。管理技术的运用和管理行为的发生，更多的是在既定的制度和组织框架
内进行的。再次，在宏观层面，规模效率的提高，同样可以通过制度和组织创
新来实现。最后，组织创新和制度创新并列的提法本身就存在问题，无论是宏
观层面还是微观层面，都是先有制度变革，再依据制度设计组织，或者为了执
行某种制度，形成新的组织结构。虽然并不是每一次制度创新都需要进行组织
创新，但组织创新必然是制度创新的结果，也就是说，制度创新本身就包含了
组织创新。因此，本书将此前研究中提到的组织创新归入制度创新，并将制度
创新与技术进步视作两个并列的行为。

从前文的讨论中不难看出，技术进步和制度创新，都是提高 TFP 的重要
源泉。但技术创新因其周期长、前期投入大、结果不确定性强，很难在短期内
带来直接经济效益，所以，目前人为能够控制的、短期内能够收到回报的，似
乎就只剩下制度创新这一个办法了。从这个角度上讲，制度内生于社会拥有的
资源禀赋。

在第三章我们给出的式（3-1）中，GY 表示经济增长率，GL 和 GK 分别
表示劳动增长率和资本增长率，α 和 β 则用来表示不同生产要素的份额。为了
方便讨论，我们在确保不影响最终结果的情况下，对各变量的含义稍作修
改——GL 表示有效劳动增长率，GK 表示有效资本增长率。关于 GA，我们权
且令其仅表示技术进步率，而非完整意义上的 TFP。

基于这一公式，制度创新能为 GY 做些什么呢？

首先，制度创新一定会对技术进步起到正向积极的作用。技术创新并不

是天然地能够转化为生产能力，技术进步作用的发挥，有赖于促进技术进步的一整套制度安排①。在中国的市场化改革进程中，包括产权结构、组织形式和激励机制等手段在内的制度创新，曾在很大程度上削弱了制约创新能力提高和效益发挥的体制性因素，激发了科研人员的创造意愿，推动了企业层面上的技术创新。还有已经实施了 20 多年的"科技特派员"制度，就是派驻科技人员专门从事科技成果转化等一系列工作，通过技术扩散来提高农业生产率。

其次，制度创新对劳动增长率的变动存在影响。有效的制度安排能够促进劳动增长率的提高。最典型的例子就是中国的市场化改革，按劳取酬的分配制度无论如何都要比"吃大锅饭"更能激发劳动力的经济主体意识，随着劳动强度的提升和工作时间的延长，劳动增长率也呈现出明显的正向变化。另一个典型的例子是普及义务教育，在发展中国家中，劳动力受教育程度越高，劳动增长率的水平也就越高。

最后，制度创新对资本增长率、对劳动和资本组合效率的变动也存在影响。在改革开放最初的一段时间里，中国国有企业的 TFP 一直低于非公有制企业，而持续推进的国有企业产权改革，例如破产重组、建立现代企业制度，实现了劳动和资本组合的不断优化配置，使国有企业的 TFP 快速向非公有制企业收敛②。在实践中，制度创新既可以直接作用于生产要素组合，也可以通过技术进步使要素配置更加完善。

由此可见，有效的制度安排可以通过作用于公式中的任何要素来达到提高产出增长率的目的。但在现实中，无论是 TFP，还是制度安排，抑或是技术进步，迄今为止都未实现资本和劳动力产出效率的最大化。如图 4 - 2 所示，我

---

① 刘诗白. 推进我国科技进步体制和机制创新 [J]. 经济学家，2006，1 (1)：5 - 11.

② 谢千里，罗斯基，张轶凡. 中国工业生产率的增长与收敛 [J]. 经济学，2008，7 (2)：809 - 826.

们将生产要素投入的目标值和实际值进行比较之后，就会发现，自 1990 年以来，在中国历年的要素投入中，资本冗余从 15% 一路高歌猛进增长到了 2013 年的 30%，翻了一番。劳动力冗余则基本保持在 20% 以上，并呈现出波动递增的状态①。这说明，在现存制度框架下，每一年的生产要素投入的配置效率和使用效率都不高，都存在不同程度的浪费。这些生产要素没能转化为有效的生产力，反而抑制了经济增长率的提高。

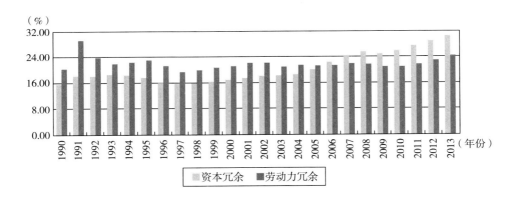

图 4－2　1990～2013 年生产要素冗余比例

这一现象催生了 2013 年之后有关区域一体化和城市群建设的一系列制度安排。但和第三章结尾处所描述的场景一样，区域一体化发展到现在这个阶段，很难继续向前推进了。

那么，问题究竟出在哪儿呢？

让我们再次回到全要素生产率的公式。当我们逐一观察对 GY 起作用的各个因素时，不难发现，技术创新并不会自动成为生产力，从技术创新到技术扩散和转移，整个技术进步过程的实施主体都是人。人既是劳动的载体，也是产

①　资料来源：国家统计局。

权的占有者，人还是组织的最小构成单元，是激励机制的作用对象。

因而，制度创新应当围绕着人的诉求、以调动人的积极性为目标展开，判断制度创新有效性的最终落脚点，应当是人！

再来看我们的城市群建设和一体化建设。各个地区出台的《城市群发展规划》中列出了很多目标，包括培育具有国家级重要意义的优势产业集群、构建开放型区域创新体系、形成绿色可持续的生态环境、实现城市之间基础设施互联互通……

唯独没有关于"人"的内容。

可能有读者会问，这些建设目标难道不正确吗？

当然正确，但这都不是最终目标。

我们在前文就曾指出，国家稳定、社会进步、经济发展，这一切最终要交由人来享受，更何况这一切都要由人来完成。

电影《天下无贼》里有一句著名的台词——"21 世纪什么最贵？人才！"

可是人才在各地的一体化建设规划中，却被忽略了……

三、人才是社会运行的发动机

前文并没有用很多文字来强调人的价值，在大部分篇幅中，我们称其为"劳动力"。因为在经济问题的研究框架中，尤其是宏观经济范畴，人的第一身份就是劳动力。

1. 人作为劳动力的贡献

人作为劳动力对经济增长的重要意义是毋庸置疑的。当布鲁姆（Bloom）

和威廉姆森（Williamson）在 1998 年率先提出"人口红利"① 的概念时，曾尝试构建实证模型来分析东亚经济增长的影响因素，二人经过研究发现，人口红利解释了"东亚奇迹"的 30%，如果将经济奇迹视作超过常态经济增长的部分，人口红利的解释力提高到了 50%②。

在中国，30 多年的增长奇迹受到的影响因素有很多，人口红利肯定是最主要的因素之一：

一来，随着婴儿潮时期③出生的人口陆续作为新增劳动人口进入劳动力市场，尤其是家庭规模缩小之后，女性进入劳动力市场并从事同男性相同工作的机会显著增加，这使原有的劳动力年龄结构得到了极大改善。年轻化的劳动力群体使劳动时间延长和劳动强度提高的程度和范围进一步扩大，直接拉动了人均产出的显著增加。1998 年，世界银行在对所谓中国奇迹的各影响因素进行测算时发现，改革开放以后，仅劳动力供给一项对 GDP 增长的贡献就占到了 17%。

再者，义务教育的普及和家庭的少子化使每个孩子分得的教育资源明显增

---

① 所谓人口红利，是指总人口中劳动适龄人口的比重较大、劳动参与率较高、社会抚养负担相对较轻，由此形成一个劳动力资源相对充沛的状态，对经济发展十分有利。在学术界，被广为接纳的人口红利影响经济增长的途径包括劳动供给、人力资本和储蓄。本书主要关注前两点。由劳动供给和人力资本构成的人口红利，也可以看作是一种"劳动力红利"，它强调的是劳动力人口的年龄结构和知识结构对经济增长的贡献。

② 在基于中国数据的实证研究中，不同学者在分析人口红利作用效果时得到的结果差别很大，有学者认为人口红利贡献了中国超过 25% 的人均 GDP（蔡昉：《未来的人口红利——中国经济增长源泉的开拓》，《中国人口科学》2009 年第 1 期，第 4 - 12、113 页）；在改革开放之初至 2006 年间，人口红利对 GDP 的贡献率超过了 10%（陈友军：《人口红利与中国的经济增长》，《江苏行政学院学报》2008 年第 4 期，第 58 - 63 页）。也有学者觉得这个数字高估了人口红利的贡献，认为只有在适龄劳动力得以充分就业的前提下，人口红利才得以充分释放，这个假设条件过于严苛，而且并未剔除制度创新等因素的效应。但这些学者普遍认同人口结构对经济产生的正向影响。

③ 中华人民共和国成立以来，被学术界普遍认可的婴儿潮共有三次：第一次是中华人民共和国成立初期，当时推行鼓励生育的人口政策，人口增长率接近 300%。第二次是自 1962 ~ 1973 年中国共出生近 2.6 亿人，占当前全国总人口数的约 20%。这也是中国历史上出生人口最多、对后来经济影响最大的主力婴儿潮。第三次是 1986 ~ 1990 年，是第二次"婴儿潮"新增人口进入生育年龄产生的，也被称作"回声婴儿潮"，这五年间出生婴儿近 1.24 亿，接近当前全国人口的 10%。

加，这让全社会的劳动力受教育程度得到了普遍提升，由此形成的人力资本通过技术模仿和自主创新，以及提高产业附加值，使中国在短期内摆脱了被锁定在产业链低端的风险，改变了中国在国际经济中的依附地位。人力资本的持续积累，在提高劳动力群体收入的同时，填补了中国在赶超欧美技术强国的过程中因劳动力受教育水平低导致的技术性人才供求缺口，显著地提高了要素配置效率，促进了全社会劳动生产力的进步。贝哈鲍比（Benhabib）和史匹格（Spiegel）在 1994 年基于内生增长理论，验证了人力资本通过参与技术进步来提高 TFP，进而促进经济增长的猜想。[①]

除了对经济增长的贡献，劳动力对社会运行的贡献还体现在缴纳养老保险上。众所周知，养老保障制度的运行机制实际上就是"前人栽树，后人乘凉"，当前劳动者缴纳的保险越多、缴纳人数越多，当下已经退休的劳动者领取的养老金就越高、越稳定。等到当前缴纳保险的劳动者都退休了，他们能拿到的养老金数量在很大程度上取决于那个时候劳动者缴纳养老保险的情况。

此外，正如我们在本章开头讨论的那样，劳动力在部门和地区之间的流动，对经济增长的作用同样是显著的。在农村推行家庭联产承包责任制以后，现代化农业机械越来越多地被用于农业生产（即前文所说的资本替代劳动），这使农业对劳动力的吸收迅速达到了饱和。与此同时，农村人口仍保持着上升的趋势，人均土地占有量越来越少，14 个省区人均耕地面积不足 1 亩。人多地少，无事可做，"一个月过年，三个月种田，八个月休闲"的顺口溜开始在农村流行……可见农业部门已经积累了大量剩余劳动力[②]（出现流出倾向）。20 世纪 80 年代出现的"民工潮"，将这部分劳动力从农业部门转移到东南沿

---

① Benhabib J., Spiegel M. Human Capital and Technology Diffusion [J]. Working Paper Series, 2002.

② 关于农村劳动力进城务工的现象，有过一些批评的声音，认为这种迁移行为造成了农村劳动力外流，减少了农业劳动供给。事实上，在民工潮持续了近十年后，中国农村仍然存在近三分之一的劳动力剩余（蔡昉：《中国流动人口问题》，北京：社会科学文献出版社 2007 年版）。

海地区急需补充简单劳动力的劳动密集型产业（流入相对价格更高的部门和区域），为工业部门及时提供了充足的廉价劳动力，不仅降低了生产成本、提高了产品的市场竞争力、支撑了城市轻工业的迅速发展、推动了东部和东南沿海地区的产业聚集，也缩小了区域之间的经济差距。现如今，中国正在从工业化阶段向后工业化阶段过渡，第三产业的劳动总体相对价格开始高于第二产业，于是，劳动力的又一次"跨界"开始了。微博上曾经有一则新闻引发了网友的广泛讨论——一名计算机专业毕业的大学生，毕业之后并没有像他的同学们一样从事编程工作，而是到火锅店当了一名值班经理。据他本人称，他的薪资水平要明显高于那些按部就班从事本专业工作的同学。这其实就是劳动力基于要素相对价格进行选择的结果。

2. 人作为消费者的贡献

传统的人口红利理论一直是围绕着人作为生产要素的价值展开讨论，时至今日，早期研究所依据的背景已经发生了改变。以人工智能为代表技术的第四次工业革命的到来，信息技术以飞快的速度向各个产业渗透，人工智能系统扮演的角色也由之前的辅助劳动力向替代劳动力转变。尽管从社会生产出现机械化开始，劳动力的作用就在一点点被机器所替代，但总的来说，机器与人之间更多地呈现出互补的关系。然而，中国已经迈入老龄化社会，劳动力供给短缺给了新技术填补供求缺口的机会，也加速了就业岗位被摧毁的进程。会下围棋的阿尔法狗和春晚上跳舞的机器牛都让人们相信，新一代的智能机器人不仅有望实现对简单体力劳动的替代，也有可能替代一部分复杂的脑力劳动。已经有学者开始认真讨论我们将于何时进入"零边际成本社会"①。

---

① 零边际成本社会，是美国经济学家杰里米·里夫金提出的新型社会形态，是指生产额外新单位产品所花费的成本在特定情况下接近于零的情况。在里夫金看来，这是最佳的经济可持续发展模式（杰里米·里夫金. 零边际成本社会［M］. 北京：中信出版社，2014）。

除此之外，"90 后"作为新生劳动力群体，其储蓄行为与之前的劳动力群体也有不同，腾讯公司 2019 年发布的《"00 后"研究报告》中显示，中国"90 后"存款的平均值仅为 815 元人民币。在传统人口红利的研究框架下，年轻人的预防性储蓄动机将为资本积累提供条件，因此，享受人口红利的国家，国民经济大多呈现出高储蓄、高投资和高增长的态势。而当代年轻人的储蓄量，显然是不足以转化为投资的。

种种迹象表明，传统人口红利已经基本消失。

但这并不能说明人对经济增长的作用降低了。因为人在作为劳动力的同时，还有一个非常重要的身份，就是消费者。我们应当认识到，单纯地从产出角度来衡量经济发展状况是有局限性的。GDP 始终衡量的是最终生产成果，如果这些成果不被需要，GDP 数据也很难支撑下去。

与平均存款不足千元的储蓄态度形成鲜明对比的是，"90 后"的中国年轻人在 2018 年买下了全世界 28% 的奢侈品①。更值得注意的是，互联网的普及带来了中国的消费市场下沉，并由此催生了大量中低线城市的"年轻购物达人"。这部分消费者对 2018 年消费支出增长的贡献超过了 50%②。

既然人对社会的贡献如此之大，那么为什么人的诉求还会被各种规划所"忽视"？

既然劳动力跨区域流动能够促进经济增长，那么为什么人口迁移还会受到各种限制呢？

---

① 资料来源：麦肯锡《2019 中国奢侈品报告》。该报告还显示，2018 年，中国人在境内外的奢侈品消费额达到 7700 亿元人民币，占到全球奢侈品消费总额的 1/3，平均每户消费奢侈品的家庭支出近 8 万元。其中，"90 后"奢侈品消费者平均每年要在奢侈品上花费近 2.5 万元，"80 后"的花费为4.1 万元。

② 资料来源：麦肯锡《2020 年中国消费者调查报告》。

第五章　外来人口动了谁的奶酪

试问岭南应不好，却道：此心安处是吾乡。

——苏轼

基于人在社会运行中所扮演的角色，尤其是劳动力转移对经济增长的显著贡献，人口迁移问题一直是发展经济学关注的重点，其实也是当前区域一体化过程中最核心、最迫切需要解决的问题。我们在第四章里，用大量的篇幅描述"劳动力流动作为内生动力对中国经济增长的影响是积极的"，而且这一论断早已被实践所证实，但在"劳动力迁移对迁入地劳动力市场的影响"这一问题上，理论界和实践领域甚至理论研究者也尚未得出一致的结论。这很大程度上导致了人口流动并没有像它被需要的那样顺畅。

一、户籍制度：不是原因

为什么限制劳动力流动的旧体制能够一直存在？早期学者的研究结论将其

归咎于户籍制度的长期存在和改革幅度太小。从表面来看，这一推断是成立的。户籍制度作为一项执行等级和管理人口的制度，一直兼具着本地资源和利益配置的功能。在计划经济时期，它简单粗暴地将人们分成两群——城镇人口和农村人口；改革开放之后，户籍仍然是简单地将人群分为两类——本地居民和外来人口。户籍制度导致了外来劳动力很难获得与具有相同能力的本地人同等的职位和工资收入，直接导致了劳动力市场的二元结构。正是这一制度安排，作为劳动力流动最根本的制度约束，将大部分外来人口挡在了城市门外。①

事实上，户籍制度并不是限制劳动力流动的原因，而是地方政府为了限制外来人口迁入而采取的手段。从某种意义上讲，户籍制度可以视作劳动力迁移产生的一个阶段性结果；户籍制度改革进展缓慢也是限制劳动力迁移行为所导致的诸多结果之一。

早期城市限制劳动力流动的主要原因是粮食紧缺。前文有提到过，中华人民共和国成立之初，中国迫于国际局势选择了军重工业优先发展的赶超战略。就军重工业本身而言，作为资本密集型产业，对劳动力的吸纳能力明显弱于轻工业——轻工业部门每亿元投资可以提供 1.5 万个就业的机会，而重工业可以提供的就业机会仅仅是前者的 1/3。在这种情况下，每个城市的劳动力需求数量都是有限的，即便是本地居民，也不能确保一定可以获得就业机会。还乡生产和以工代赈②，都是当时政府为解决城市失业问题，不得已才想出的办法。中央政府确定了农业支援工业、农村保障城市的战略，对农副产品实行了低价收购。农村的极度贫困促使大批农民为了谋生涌向城市，给城市公共服务带来了巨大的压力。其中最为严重的就是粮食短缺。为了缓解城市物资供应的紧缺

---

① 王美艳，蔡昉. 户籍制度改革的历程与展望［M］. 北京：社会科学文献出版社，2008.
② 所谓还乡生产，就是动员城市失业人口回原籍农村从事劳动生产；以工代赈是指由政府投资建设基础设施工程，受赈济者参加工程建设获得劳务报酬，以此取代直接救济的扶持政策。

程度，粮食等生活必需品"交易"实行的是统购统销制度，"粮票"就是这一制度下最具代表性的产物。由于每一座城市中的每一个人所获得的物资相对固定且有限，人们在哪里上班，就只能在哪里买粮食。一个北京人要到天津出差，要先把自己手中的北京粮票换成全国粮票，拿着这些全国粮票，到天津才有饭吃。这个时候想要"闯进"迁入地劳动力市场找工作的外地人，不论是来自农村还是来自另一座城市，在本地人的眼中，无疑都是来"抢饭吃"的。于是在1958年，《中华人民共和国户口登记条例》应运而生，保障本地居民在住房、托幼、教育、就业、医疗直到养老一系列问题上的福利不外溢的户口管理制度正式确立。

1958年颁布的《中华人民共和国户口登记条例》第十五条规定：

公民在常住地市、县范围以外的城市暂住三日以上的，由暂住地的户主或者本人在三日以内向户口登记机关申报暂住登记，离开前申报注销；暂住在旅店的，由旅店设置旅客登记簿随时登记。

公民在常住地市、县范围以内暂住，或者在常住地市、县范围以外的农村暂住，除暂住在旅店的由旅店设置旅客登记簿随时登记以外，不办理暂住登记。

1960年，国家进入了节粮度荒时期，政府对城市居民的粮食定量在原来的基础上做了进一步压缩。1964年，国务院批转了《公安部关于处理户口迁移的规定》，进一步收紧了户籍制度，基本堵上了农村人口迁出农村、集镇人口迁往城市的大门。

许多在20世纪八九十年代有过外出务工经历的人，都对"查验暂住证"的经历记忆犹新。在这种情况下，不仅农村劳动力不能随意流动，而且城市人口也不能随意流动。① 以上海市为例，在 1954～1987 年，上海市的净迁入户籍人口为 –121.35 万人②。没错，是个负数。当然也有净迁入人口为正的地区，比如黑龙江和陕西，只不过这两个省份都是计划经济时期的建设重点，出现较大净迁入率的主要原因，是政府向此类地区输送了大批劳动力。

然而，如此严格的规定并未限制住农村剩余劳动力外出打工的脚步。

如图 5–1 所示，自 1979 年以来，城市就业人口总量越来越多，甚至没有一年是下降的，而农村就业人口总数在 1997 年达到 490.39 万人的顶峰之后，开始出现逐年下降的趋势，并且从 2005 年开始，下降速度加快。2013 年以后，城市就业人数开始超过农村就业人数，二者的差距在近几年逐渐扩大③。

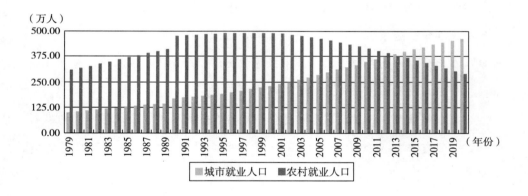

图 5–1　1979 年后城市与农村就业人口变化趋势

进入 21 世纪，粮食供应早已不再是外来劳动力迁移的障碍，但本地人对

---

① 虽说从 1980 年开始，"农转非"政策在执行上表现出一定程度的松动，但对人员资格要求却十分严苛，只有科技骨干、煤矿井下职工、三线艰苦地区职工、部分边防军官的农村家属等人员，可以在原籍转为城镇户口；而且对"农转非"的控制指标也只提高了 0.5%。到了 1984 年，国家开始允许进城务工人员自理口粮落户集镇，但他们所持户口并不能享受与城市户口相同的权益（参见《关于解决部分专业技术干部的农村家属迁往城镇由国家供应粮食问题规定》，《国务院关于农民进入集镇落户问题的通知》）。

② 资料来源：庄亚儿. 中国人口迁移数据集［M］. 北京：中国人口出版社，1995.

③ 资料来源：CEIC 数据库。

外来人口的态度并没有发生实质性的转变。尤其是当他们发现，从低技能、低门槛的岗位开始，外来劳动力正在更大范围内逐步"挤占"本地居民的就业甚至生存空间。一方面，本来这一类劳动力市场并不存在供给缺口，当地人无论是数量上还是技能上都足以应对此类简单劳动。但与外来劳动力相比，后者的生产率远高于前者，工资却普遍低于本地劳动力，这令他们更容易获得企业的青睐。① 另一方面，在日常生活中，外来人口对公共服务的需求，考验着每一个迁入地公共资源的承载能力。1999 年，北京市的常住外来人口共有 149.6 万人，占到常住人口总数的 11.9%，到 2018 年底，这个占比已经超过了 35.4%，这意味着地方政府要想满足北京市全部常住人口对公共服务的需求，需要在原有基础上扩容 50%②。因此，有相当一部分本地劳动力将外来劳动力视作工作岗位和公共服务的竞争者，并时常流露出对外来人口的不满。

无论是粮食紧缺，还是居民失业，抑或是公共资源短缺，都是政府部门不愿意支付的政治成本，更何况公共资源扩容必然要增加政府的经济成本。政府有意识地抬高外来劳动力进入本地的门槛的行为，也就不难理解了。

1998 年 6 月 23 日，公安部出台的《关于解决当前户口管理工作中几个突出问题的意见》中明确指出：

……为进一步密切党和政府与人民群众的关系，使户口管理制度在促进人口合理、有序流动，促进经济发展、社会进步等方面发挥更大的作用，有必要在继续坚持严格控制大城市规模、合理发展中等城市和小城市的原则下，逐步改革现行户口管理制度，适时调整有关具体政策。……

2013 年 11 月 12 日，中共十八届三中全会通过的《中共中央关于全面深

---

　　① 北京大学中国经济研究中心"城市劳动力市场"课题组. 上海：城市职工与农村民工的分层与融合［J］. 改革，1998（4）：99－110；北京大学中国经济研究中心"城市劳动力市场"课题组. 南京：福利惯性下的劳动力市场［J］. 改革，1999（4）：85－92.
　　② 资料来源：《北京人口发展研究报告（2019）》。

化改革若干重大问题的决定》中提出：

　　……创新人口管理，加快户籍制度改革，全面放开建制镇和小城市落户限制，有序放开中等城市落户限制，合理确定大城市落户条件，严格控制特大城市人口规模。……

　　2014 年，中共中央国务院印发的《国家新型城镇化规划（2014－2020）》，再次强调了这一点。

　　上述两段文字再次印证了户籍制度的工具性意义。长期以来，与其他改革措施相比，户籍制度过于窄小的改革幅度，正是政府在市场经济环境下，"委婉"地"劝退"外来劳动力的重要手段。

　　只是，户籍制度"劝退"的效果真的能达标吗？

二、真实的劳动力市场

　　想要判断户籍制度的实施效果，首先要对劳动力市场的基本结构建立正确的认识。

　　最能体现地区经济发展水平的，莫过于社会分工的发展程度。在生产环节不断细化的今天，许多生产环节已经发展成为相对独立的产品生产过程。伴随着城市居民收入水平的提高和生活态度的转变，分工由最初的重工业品生产领域，逐步渗透到了轻工业生产甚至生活品提供领域，于是有了新兴产业的蓬勃发展。

　　在 2000 年之前，恐怕没有人会想到快递员能够成为月薪过万职位俱乐部中的一分子，甚至可能没有人知道快递员是做什么工作的。而 20 年后的今天，收发快递已经成为现代人生活中不可或缺的组成部分。快递、网购、家政服务和互联网约车这些新生事物，为人们的生活带来了极大便捷的同时，迅速形成了庞大的市场规模，提供了大量就业岗位。截至 2008 年底，中国轻工业全行业吸纳就业人数超过 3500 万人，成为吸纳就业能力最强的民生产业；到了 2018 年，中国服务业在国民经济份额中占比超过 52.2%，就业人数超过 3.5 亿人，劳动就业占全社会就业的比重上升至 46.3%；2019 年，中国从事家政服务的人数已经超过 3300 万人，市场规模超过 8000 亿元，相当于国内整个家用电器零售行业的市场规模①。这些行业的兴起和快速壮大，无疑是得益于不断深化的改革开放对生产力水平的促进，令原本在计划经济阶段被抑制的轻工业和服务业得以飞速发展。

在劳动生产力提高的促进作用下，发达地区的分工得以不断细化，新兴产业蓬勃发展的同时，各个生产环节上的劳动力数量逐渐形成了一定的比例，比如住宅小区多少业主配备 1 名保安，多大面积设置 1 个保洁岗位。而且，受制于生产力发展和科技推广速度，不同产业、不同层次的劳动力之间的比例在相当一段时间里不会发生变化。

因此，城市的经济结构调整，势必会打破此前形成的最优资源配置，并产生新的要素相对价格；就业机会的增长也势必会吸引各个不同层次的劳动力来填补城市的工作岗位需求。如果我们将一个城市的劳动力市场分为三个层次——高端技术人才市场、技术应用型人才市场和简单劳动力市场。那么该城市的高端人才需求量越多，对为其做配套服务的应用型人才的需求量也越大，简单劳动力的就业机会也就越多。相反，欠发达地区高水平人才的匮乏，将直接制约地区居民的消费能力提升，同时间接抑制当地生活服务行业的发展。上文提到的餐饮外卖行业的融资表现就是最好的例子。无论地方政府是否出台政策鼓励外来人口到本地就业，也无论政府致力于引进何种层次的劳动力，只要

---

① 资料来源：《新中国成立 70 周年经济社会发展成就报告》。

当地某个层次的劳动力市场存在供求缺口，并且两地之间存在劳动要素相对价格差距，甚至只是存在工资收入差距，就会使外来人口产生迁入倾向。

此时，能够决定外来人口是否真正产生迁入或居留行为的，只有劳动力对就业净收益的期望和实际净收益之间是否存在差距。如果答案是肯定的，则劳动力不会选择迁入；反之，地方政府无论出台怎样的限制政策，都很难干扰劳动力的迁移意愿。

三、劳动力去哪儿

持续的"民工潮"驱使了农村剩余劳动力向城镇转移，也拉开了中国劳动力迁移的序幕。2000 年，我们国家有超过 1 亿的流动人口，大约占到总人口数量的 8%。随着城市建设诉求的多元化，城市对劳动力的需求也越来越多元化，尤其是"下岗潮"之后，除了农村进城务工人员（以下简称"农民工"①），大城市吸引了更多接受高等教育、掌握高级技能的劳动者，甚至海外留学人士也在归国后选择从户籍地涌向心仪的城市。尽管北京、上海等地控制人口流动的政策不断收紧，特大城市的人口聚集规模开始有了下降的趋势，但被疏解的这部分劳动力也并未返乡，而是从心目中的最优城市流向了次优城市。到了 2019 年，流动人口的数字已经上升至 18%。也就是说，在这 19 年间，有超过 1.45 亿人加入了流动大军，平均每年增加的流动人口超过 700万人。

---

① 就我个人而言，并不喜欢"农民工"这个称谓。在我看来，无论是工业还是建筑业，参与劳动的工人是相同的。在工人前面加一个前缀对工人的来源加以区分，这种行为本身就带有歧视色彩。

我们在本书一开篇就从图 1 - 6 上直观地看到，对于城市群而言，规模如此庞大的流动人口都从欠发达地区流向了发达地区。图 5 - 2 更为直观地表现出了这一点①。从 8 个国家中心城市 2010～2019 年户籍人口和常住人口的对比来看，大城市的常住人口普遍高于户籍人口。如果再加上已取得当地户籍的外来人口，常住人口中超出原本地居民的部分就更高了。上海和北京的外来人口长年占到常住人口的 30% 以上，这部分超出的人口，就是外来人口。鉴于流动

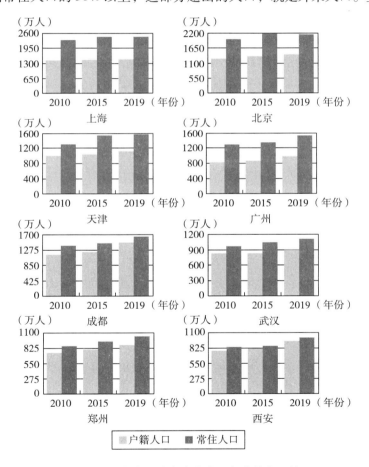

图 5 - 2　国家中心城市常住人口与户籍人口情况

---

① 资料来源：CHIPs 数据库。

人口中举家全迁的占比只有20%，我们有理由相信，外来人口中有近2亿人都是有效劳动力。

前文也提到了，河北省的青壮年劳动力大部分流入北京和天津。这些人在京、津外来人口中的占比超过了20%，是两地外来人口中占比最大的群体。上海的情况与京、津相似，占比最大的流动人口来自同样身处长三角城市群的安徽。但新兴城市群的情况就不一样了。从图上看，成都、武汉、郑州和西安这4个新兴国家中心城市的常住人口数量虽然也高于户籍人口，但外来人口所占比重明显较其他4个城市少很多。比如郑州，作为中原城市群、郑州都市圈的中心城市，同时也是新获批的国家中心城市，它的外来人口中绝大部分来自河南省内，但这部分人口占比仅占河南省流出人口的不足10%。作为全国人口流出最多的省份，河南的劳动力更多地流向了广东和江浙地区。这样看来，劳动力对新兴国家中心城市的认可程度，远比不上对"老牌"发达城市的青睐。

那么，劳动力是基于怎样的标准选择迁移城市的呢？

最先让人想到的，肯定是收入水平①。

对于最早的临时性进城务工人员而言，城市里的高收入是具有绝对吸引力的。即使城里的工作比"八个月休闲"的农村生产辛苦，但至少有更多机会通过劳动赚取更高的报酬。因此，北、上、广、深这四座城市作为改革开放最早一批崛起的城市，备受广大外来人口青睐。同时，受限于早期欠发达的交通条件和气候差异，绝大多数劳动力会选择距离家乡较近的发达城市。

但随着"80后""90后"成为劳动力的主力军，交通时间也随着基础设

---

① 与前文提到的劳动要素相对价格不同，这里所说的收入水平，指的是劳动力的绝对收入，也就是不考虑地区之间或部门之间劳动时间和劳动强度的差异，只衡量月工资总额的高低。毕竟，在欠发达地区，即使想通过延长劳动时间和提高劳动强度来赚更多的钱，能获得的收入也是有限的。这就是通常老百姓所说的"大城市机会多"。

施建设不断缩短，流动人口对迁入地的要求也发生了变化，新生代流动人口的受教育程度普遍高于老一代，更多人从小生活在城市，不仅更适应城市生活，对迁入地的要求也不同于往日，收入水平也已不再是影响流动意愿的唯一因素。

冯虹等基于 2011～2015 年的国家卫计委流动人口动态监测数据，分析了北京的流动人口居住意愿——除了收入水平，参保情况和职业身份都对劳动力居留意愿起到了积极作用，前者的影响程度与收入水平相差无几，后者的影响强度甚至比收入还高；这二者的作用效果甚至超过了户口限制造成的负面作用。[①] 这在一定程度上说明新生代流动人口更看重的是生活质量和就业质量。随着教育医疗等公共服务的市场化和社会保证体系的完善，中心城市户籍的堤坝效应越来越不显著，外来人口和本地居民的生活质量差距也逐渐缩小，直接降低了外来人口迁入的门槛。这时候，就业质量对外来劳动力迁移意愿的影响开始变得越来越明显。由于城市群中各个成员的分工不同，即便是中心城市，也不可能将城中的一众产业全部作为主要产业。在地方政策引导和市场规律的双重作用下，高于其他产业的薪酬和福利势必会吸引一批劳动力率先涌入主要产业。当这批劳动力的就业收益被观测到后，将会有更多外来劳动力相继进入中心城市的劳动力市场。又由于市场反应存在时滞，市场饱和程度并不会第一时间体现在就业收益上，因此，中心城市所有产业的劳动力都将迅速聚集，甚至很快超过需求数量。这在一定程度上强化了主要产业和其他产业、高端岗位和普通岗位劳动力的收入差距，而这种差距又对劳动力的居留意愿造成了负面影响。

于是，中心城市的外来劳动力开始出现分化——一部分身处主要产业、高

---

　　① 冯虹，赵一凡，艾小青. 中国超大城市新生代农民工婚姻状况及其影响因素分析——基于 2015 年全国流动人口动态监测调查数据［J］. 北京联合大学学报（人文社会科学版），2017，15（1）：57－63.

端职位的外来劳动力基于对就业和生活的高满意度，逐渐沉淀下来成为常住人口。一部分身处主要产业、中低端职位的外来劳动力可能在短时间内无法获得与其期望值相匹配的就业满意度，但仍然怀有对未来收益的期待，所以也会在很长一段时间内留在中心城市，在实在无法获得期望收益后才会离开，并选择去略逊于该城市，但就业和生活满意度明显更高的新地区。还有一部分身处非主要产业的劳动力，由于他们始终无法获得满意的收入，却要负担与其他外来人口相同的生活成本，因此也不会做"扎根"的打算。

所以，在外来人口当中，越是身处城市核心区、越是供职于城市主要产业的人，表现出来的居留意愿越是强烈；相反地，越是生活在外城区、越是对工作和收入不满意的人，离开的概率越大。

劳动力用脚投票的做法，形成了劳动力流动的城市鄙视链——农村劳动力首先选择流向城市群中的非中心成员城市；如果无法获得预期收益，则会选择都市圈中心城市；如期望获得更多回报，则会选择城市群中心城市；如城市群整体状况都不如意，则选择流向更发达的城市群。

什么样的劳动力会向外流动呢？除了有流动意愿，还需具有被发达地区接纳的能力。如此一来，越是欠发达地区，劳动力水平越不理想，经济增长和社会进步的空间越狭窄。

根据 CHIPs（2002）数据，从平均意义上讲，外来劳动力的个人收入和住房面积仅仅是本地居民的一半；幸福感也普遍低于后者[①]。一部分外来劳动力还感受到了来自迁入地的社会排斥，特别是职业排斥[②]。

① 虽然这一数据已是近 20 年前的数据，但 2007～2017 年从北京、深圳、杭州、东莞、常州等地获取到的调查结果来看，这一结果仍然适用。

② 黄瑞芹，张广科. 中国城镇本地与外来人口职业排斥的性别比较［J］. 世界经济文汇，2007（5）：19 – 29.

四、外来人口的贡献与迷失

外来人口究竟有没有"抢本地人的饭碗"？

大多早期研究给出的答案都是肯定的。不过，原因并不能完全归于上文提到的粮食供给短缺问题。在理论界，国外有关劳动力流动的研究普遍认为，外来人口大多是受教育程度较低的群体，这部分人与从事体力和传统职业的本地居民之间形成了明显的竞争关系——外来人口在迁入地占比达到10%，迁入地工资水平将下降1.5%～4%[①]。在国内，改革开放之初持续的"民工潮"也曾引起学者的广泛关注。当时普遍的观点认为，从低技能、低门槛的岗位开始，外来劳动力会逐渐在更大范围内进一步"挤压"本地劳动力市场，对本地劳动力市场产生了显著的负向影响。

但从现实情况来看，这个问题恐怕不是简单的"有"或者"没有"就能回答的。

提出这一问题的学者可能没有意识到，"饭碗"本身的数量（工作岗位数量）和质量（岗位优劣和收入高低）并不是一成不变的。如前文所述，城市经济不断发展，工作岗位数量会发生变化，一部分旧职业会随着需求的萎缩从市场上消失，同时一部分新职业会从新需求中诞生出来。

如图 5-3 所示，根据国际货币基金组织提供的数据，从总体上看，在2017 年之前，中国的就业岗位的数量是在持续上升的。从 2018 年开始，就业

---

①　Borjas G. J. , Katz L. F. Searching for the Effect of Immigration on the Labor Market［J］. NBER Working Papers, 1996, 86（2）: 246-251.

人口总数出现缓慢下降，其主要原因是自 2012 年开始适龄劳动力人口和比重双连降[①]。

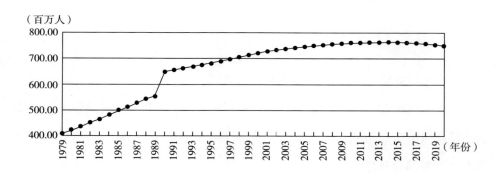

（百万人）

图 5 - 3　1979～2020 年就业人口的变化情况

要想弄清楚这个问题，就可以只从就业的岗位优劣和收入高低这两方面来讨论。

我们将劳动力市场以外来劳动力迁入为分界线分为两个阶段。令发达城市劳动力市场上的不变替代弹性生产函数（CES）设为分析的初始状态，对于谋求利益最大化的劳动力群体而言，该地区的生产函数公式可表达为：

$$y = A(\sum_{i=1}^{n} \theta_s L_s^\rho)^{\frac{1}{\rho}} \tag{5-1}$$

其中，L_s 为劳动力供给，θ_s 为不同劳动力市场上的劳动技能权重。我们令 $\rho = 1 - (1/\sigma)$，σ 为替代弹性。价格为 p_r 的利润最大化时，工人的工资对数化后为：

$$\ln w_{rs0} = \ln p_{r0} + \ln \theta_{s0} + \frac{1}{\sigma}(\ln y_{r0} - \ln L_{rs0}) \tag{5-2}$$

我们可以将 w_{rs0} 视作原始状态下中心城市 r 具体市场 s 的劳动力均衡工资。

---

① 资料来源：CEIC 数据库。

从式（5 - 2）可以看出，在其他因素条件保持不变的情况下，劳动力数量的增加，一定会引致当地所对应市场上均衡工资的降低。这么说，外来人口真的对本地劳动者的工作岗位和工资收入构成威胁了？

1. 外来人口对本地劳动力工作岗位优劣的影响

我们首先按照受教育程度划分出两个劳动力市场 s（complex，simple），分别代表复杂劳动力和简单劳动力所在的市场。令 $\rho = 1 - (1/\sigma)$，σ 为替代弹性。由式（5 - 1）可得：

$$L_s = \left[\alpha \times Sim^{\frac{\sigma-1}{\sigma}} + (1-\alpha) \times Cox^{\frac{\sigma-1}{\sigma}} \right]^{\frac{\sigma}{\sigma-1}} \tag{5 - 3}$$

其中，Sim 表示简单劳动力数量，Cox 表示复杂劳动力数量，据此，复杂劳动力和简单劳动力的关系可以记作：

$$\frac{Cox}{Sim} = \left(\frac{1-\alpha}{\alpha} \right)^{\sigma} \times \left(\frac{wage_{Cox}}{wage_{Sim}} \right)^{-\sigma} \tag{5 - 4}$$

其中，$wage_{Cox}$ 是复杂劳动的工资收入，$wage_{Sim}$ 是简单劳动的工资收入，$wage_{Cox}/wage_{Sim}$ 是复杂劳动与简单劳动的工资收入比，代表了迁入地的劳动力工资差距。对式（5 - 4）进行对数化后再做一级泰勒级数展开，可得：

$$\ln\left(\frac{wage_{Coxi,t}}{wage_{Simi,t}} \right) = \ln\left(\frac{1-\alpha}{\alpha} \right) - \frac{1}{\sigma} \times \frac{Cox}{Sim} + \frac{1}{\sigma} + \varepsilon' \tag{5 - 5}$$

令 $M = \ln(1 - \alpha/\alpha) + 1/\sigma$，式（5 - 5）可整理为：

$$\frac{Cox}{Sim} = \sigma \times M - \sigma \times \ln\frac{wage_{Coxi,t}}{wage_{Simi,t}} + \varepsilon' \tag{5 - 6}$$

当大量外来劳动力从户籍地涌向发达城市，劳动力市场的供给形式是：

$$\frac{Cox_T}{Sim_T} = \varphi \times \frac{Cox_n}{Sim_n} + (1-\varphi) \times \frac{Cox_f}{Sim_f} \tag{5 - 7}$$

其中，Cox_T 为迁入地劳动力市场上所有复杂劳动力的总和（$Cox_n + Cox_f$），Sim_T 为迁入地劳动力市场上所有复杂劳动力的总和（$Sim_n + Sim_f$），$\varphi = Sim_f/$

Sim_T，Cox_n/Sim_n 为本地劳动力中复杂劳动力和简单劳动力之比，代表本地劳动力的就业结构，Cox_f/Sim_f 为外来劳动力的数量之比，代表外来劳动力的技术结构。式（5-7）表示，迁入地劳动力市场的就业结构，可以分解成本地劳动力结构和外来劳动力结构的加权和。

当处于时点 t 的某地区 i 劳动力市场达到均衡时，有式（5-8）：

$$\sigma \times M - \sigma \times \ln\left(\frac{wage_{Coxi,t}}{wage_{simi,t}}\right) + \varepsilon' = \varphi \times \frac{Cox_{ni,t}}{Sim_{ni,t}} + (1 - \varphi) \times \frac{Cox_{fi,t}}{Sim_{fi,t}} \qquad (5-8)$$

令 $\beta_0 = \sigma/\varphi \times M$，$\beta_1 = -\sigma/\varphi$，$\beta_2 = -(1-\varphi)/\varphi$，式（5-8）可整理为式（5-9）：

$$\frac{Cox_{ni,t}}{Sim_{ni,t}} = \beta_0 + \beta_1 \times \ln\left(\frac{wage_{Coxi,t}}{wage_{simi,t}}\right) + \beta_2 \times \frac{Cox_{fi,t}}{Sim_{fi,t}} + \varepsilon_{it} \qquad (5-9)$$

这个公式反映了迁入地的本地劳动力结构将会受到哪些因素影响。如式（5-9）所示，一座城市的本地劳动力结构与劳动力的工资比呈正向相关关系，即工资比越大，本地劳动力中从事复杂劳动的居民占比越大；同时，本地劳动力结构与外来劳动力结构呈反向变动关系，即外来劳动力中从事复杂劳动力的人群占比越大，本地劳动力中从事复杂劳动的居民占比反而越小。仅从本地与外来劳动力结构之间的关系来看，本地人不喜欢外来人口的理由是很充分的——复杂的智力劳动工资收入高于简单体力劳动时，本地人自然是愿意从事智力劳动，但短期内同一层次的就业岗位只有这么多，一旦外来人口占据了高端工作岗位，就会将本地居民从"好工作"中"挤"出来。

但是我们从另一个侧面分析，本地人的理由又似乎不那么充分了——如果外来人口中低端劳动力占比扩大时，本地劳动力中高端劳动力的占比就会提高。

现实情况也的确是这样。近年来，计算机、互联网和自动化的结合，直接造成了第二、三产业中一部分传统就业岗位需要的劳动力数量减少，之前一个车间需要 50 名操作工人，现在可能只需要 5 名。与此同时，新的就业机会也不断被派生出来。但这些新兴行业的从业人员中，本地居民却寥寥无几。其中，一个非常重要的原因就是，由户籍制度引发的劳动力市场分割。众所周知，早期的外来人口以农村剩余劳动力为主，由于受教育程度普遍较低，加上在城市里从事"体制内"的工作都需要本地户口的"加持"，这部分人只能凭借价格优势，迅速将本地居民从传统的低端工作岗位中替换出来。与之形成鲜明对比的，户籍制度保护了本地居民充分就业的福利，为其提供了相对传统且稳定的工作岗位。在一些大城市，许多非营利性机构和一部分国有企业在招聘编内工作人员时，会特别要求某些岗位的应聘人员"原则上应具有本市常住户口"。此类规定令本地劳动力在更大范围内挑选就业岗位的行为成为可能，一部分高技术水平的本地劳动力会选择进入技术含量更大、收入水平更高的行业，另一部分本地劳动力往往因为"磨不开面子""放不下架子"，对从事简单的体力劳动抱着一种抗拒的心理，在权衡各种谋生手段之后，即使没有满意的工作机会，也会拒绝从事简单劳动，甚至会放弃此前从事的工作。比如在一些外来人口较多的城市，许多本地居民选择提前退休或干脆辞职，在外来人口推高了租房价格后，转而选择将出租自有住房作为主要收入来源，这种情况在此前的许多文献中都提及过。正是由于其有条件对就业的技术结构和岗位进行挑选，传统行业中福利水平较低的就业岗位被本地人主动"让"了出来，而非被外来人口"抢"了过去。

更进一步地，如图 5-4 所示，当自动化和智能化降低了简单体力劳动的需求数量，之前从事此类工作的一部分农村劳动力不得不转向其他行业[①]。同时，随着基础设施建设趋于饱和，建筑业也在辉煌了一段时间之后开始析出大量简单劳动力。这些农民工陆续进入第三产业，从事一些诸如收银、保洁、送

---

① 资料来源：CEIC 数据库。

快递一类的，与此前岗位技术水平相当的简单工作。他们的工资水平与城镇人均收入仍有差距。

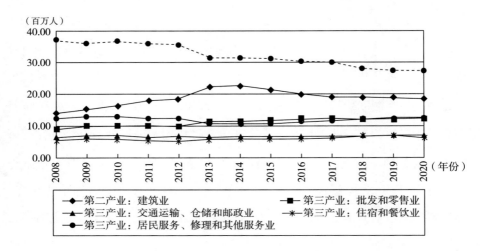

图 5-4 2008~2020 年农民工就业领域变化情况

2. 外来人口对本地劳动力工资收入的影响

外来劳动力涌入迁入地，受到直接影响的不仅是当地原有的劳动力结构，还有劳动力市场的均衡工资。当我们令 L_{s0} 为初始状态下的本地劳动力供给，L_{s1} 为外来劳动力迁入后状态下的本地劳动力供给，M_{s1} 为此时的外地劳动力供给，对数化以后的表达式为：

$$\ln w_{rs1} = \ln p_r + \ln \theta_{s1} + \frac{1}{\sigma}(\ln y_{r1} - \ln L_{rs1} - \ln M_{rs1}) \qquad (5-10)$$

这个工资的前后差异可以表达为：

$$\Delta \ln w_{rs} = \ln \frac{p_{r1}}{p_{r0}} + \frac{1}{\sigma}\left(\ln \frac{y_{r1}}{y_{r0}}\right) + \ln \frac{\alpha_{s1}}{\alpha_{s0}} - \frac{1}{\sigma}\left(\ln \frac{L_{rs1} + M_{rs1}}{L_{rs0}}\right) \qquad (5-11)$$

令 $A_r = \ln(p_{r1}/p_{r0}) + 1/\sigma \times \ln(y_{r1}/y_{r0}) + \ln(\alpha_{s1}/\alpha_{s0})$，作为包括地区与劳动

力市场在内的固定效应。式（5-11）的一阶泰勒展开式可写成：

$$\Delta \ln w_{rs} = A_r - \frac{1}{\sigma} \ln\left(\frac{L_{rs1} + M_{rs1}}{L_{rs0}}\right) = A_r - \frac{1}{\sigma}\left(\frac{L_{rs1} - L_{rs0} + M_{rs1}}{L_{rs0}}\right) + \varepsilon_{rs} \qquad (5-12)$$

其中，ε_{rs} 作为残差，与本地劳动力供给量和外来劳动力供给量相互独立。

式（5-12）中的（$L_{rs1} - L_{rs0}$）与 M_{rs1} 之间存在一定的相关关系。

以此为基础，我们按照不同的教育程度将劳动力市场由两个增加为三个 s（high，mid，low），分别代表掌握高端技术的劳动力所在的主要市场、技术应用型劳动力所在的次要市场和从事简单劳动的劳动力所在的低端市场。

令外来劳动力对本地劳动力供给数量变动的影响系数为 γ，即（$L_{rs1} -$ L_{rs0}）$/L_{rs1} = \gamma \times (M_{rs1}/L_{rs1}) + u_{rs}$，$u_{rs}$ 独立于本地劳动力供给量和外来劳动力供给量。同时考虑到劳动力的技术结构内部也相互影响，外来劳动力大量涌入主要和次要市场，理论上也提高了对低端市场劳动力服务的需求，于是有：

$$M_{rs1}/L_{rs1} = \lambda_{high} \times M_{r,high1}/L_{r,high1} + \lambda_{mid} \times M_{r,mid1}/L_{r,mid1} + \lambda_{low} \times M_{r,low1}/L_{r,low1}$$

基于假设 1~2，对于某特定地区 r，令 $m_{rs} = M_{rs1}/L_{rs1}$，式（5-11）经整理可以写成式（5-13）：

$$\Delta \ln w_r = \beta_0 + \beta_1 \times m_{r,high} + \beta_2 \times \frac{M_{r,high}}{L_{r,mid}} + \beta_3 \times m_{r,mid} + \beta_4 \times m_{r,low} + \varepsilon_r \qquad (5-13)$$

其中，β_0 为地区与学历的固定效应，$m_{r,(high/mid/low)}$ 为分处于不同劳动力市场的劳动力与本地对应市场上劳动力的数量之比。式（5-13）所反映的是迁入地 r 的工资变化与不同劳动力市场上外来劳动力占比之间的关系。在该模型中，β 的符号并不确定，因为迁入地工资水平的提高或降低，并不简单地取决于劳动力市场上外来人口的多寡，而是取决于外来劳动力与本地劳动力之间的互补效应和替代效应的交互情况。当互补效应占主导时，外来劳动力的工资水平至少不会低于本地劳动力；当替代效应占主导时，外来劳动力与本地劳动力的工资水平均会有所降低。

从一些发达城市的统计数据来看，外来劳动力不仅对本地劳动力结构起到的正向激励作用，对本地劳动力都起到了明显的"挤入效应"，即高端劳动力的迁入和低端劳动力的迁入，都会提高本地居民中高端劳动力人数占比，而并非上一小节推导结果所反映的那样，"挤占"了本地人获得高端岗位的机会；还提高了高端岗位的工资水平，使这一市场上的劳动力有机会获得比外来劳动力迁入之前更高的工资收入。

这是因为，城市经济发展推动了新产业的诞生，新的产业又催生了新的劳动力岗位，劳动力市场需求数量比之前更大的同时，需求类型也不再相同。户籍制度的保护令本地居民不必从事这些新兴但辛苦的工作，甚至不必努力去学习新技能，就可以在城市中获得相对安逸的生活，在一定程度上造成了本地劳动力在技术能力获取上的路径依赖，对这一群体的技术结构固化起到了正向激励的作用。在城市经济发展和产业升级过程中，这种就业结构和职位选择上的"黏性"，令本地居民不能及时地响应劳动力市场上不断变化的全部需求，对高端人才的需求缺口应运而生。于是，城市主动提出更高的薪酬和更具竞争力的人才引进政策，以吸引高水平的外来劳动力持续涌入。而外来高水平人才不可能"承包"全部的新岗位，这就需要本地劳动力与其相配合、相补充。于是，在满足本地劳动力市场传统需求之外，无论是凭借"本地人"的天然优势，还是凭借地方政府人为构建的进入壁垒，本地居民不仅能够更多地获得从事新的高端工作的机会，还能够从与外来劳动力之间形成的互补关系中获得更高的工资报酬。不过，迁移惯性带来的持续涌入会使这个层次的劳动力市场出现过饱和，此时，户籍为外来人口设置的门槛使后进入城市的高水平人才进入次级市场，与应用型劳动力形成替代关系，拉低了该市场的平均工资水平。

与此同时，高技能劳动力和应用型劳动力的大量聚集，增加了对简单体力劳动的需求量，引致越来越多外来务工人员陆续迁入，这部分劳动力凭借更低的价格争取到工作机会的同时，拉低了同组劳动力的工资水平。这就解释了为什么外来劳动力的涌入会扩大迁入地劳动力市场的工资差距。这样一来，更低的简单劳动力价格对本地居民而言更加没有吸引力，这使从事简单劳动的本地居民越发减少，本地劳动力中的复杂劳动力占比随之上升。

这个结果很具有明显的代表性。

首先，劳动力相对过剩直接带来了三类劳动力浪费——第一类，外来劳动力基于居留意愿被迫接受低于自己能力的岗位和薪酬，这种情况本身就是对人力资本的浪费；第二类，一旦掌握高端技能的劳动者遭遇能力被低估，必然要向中等层次劳动群体转移，这个层次上的外来人口本身就是本地劳动力的竞争者，加上高技能岗位和应用型岗位的要求也不相同，为了获得劳动岗位，有的人甚至放弃了自己的专业技能，重新学习新的技能，由此导致的"内卷"现象无疑也是对劳动力供给的浪费；第三类，在"内卷"的背景下，企业挑选劳动力的条件会越来越严苛，于是，女性作为家庭劳动的主要执行者，往往被认为会因为照顾家庭而无法胜任高强度、长时间的工作，因而被广泛拒绝，这不仅是对人力资本的严重浪费，还会加剧社会性别不平等的现象。

其次，简单体力劳动者并非不被城市所需要，凌晨四点，当许多人还在睡梦中的时候，很多城市的垃圾清运就已经开始了，四点半，街道清扫车也要上岗了。从事这些工作的，有相当一部分人来自农村。宽阔整洁的街道、鳞次栉比的楼宇，还有卫生的办公环境，其中都有农民工的辛勤付出。然而，截至2016年，农民工的社会保险参与率不足25%。同时简单体力劳动者在工作后获得继续教育的机会也是少之又少，只能年复一年地从事这些不需要太高技术能力的工作。这又令他们暴露在极大的结构性失业的风险当中。

最后，相同地区的高技能劳动力比低技能劳动力更具有迁移倾向，这部分劳动力的迁移行为与后者相比更加自由，因为受到户籍制度的影响较小，越来越多的高端人才向大城市集聚，在推动城市飞速发展的同时，也造成了人才的浪费。大城市对人才的吸引力越大，高端人才涌入的越多，被低估的人才比例也就越大。一边是为了分得大城市的发展红利、能力被低估的劳动力基于各种预期宁愿就这样留在发达地区，也不愿意返乡或退而求其次；另一边是为了加快建设步伐的地方政府，表示哪怕"勒紧裤腰带"也要用优厚的待遇吸引高端人才落户，却由于自身客观环境上的不足导致引才政策实施效果差强人意，进而在发展中显得后劲不足。如此一来，劳动力分布越发不均衡，而失衡的劳动力布局所带来的人力资本差异则导致了城市发展差距愈加明显，发达城市的虹吸效应也将永远大于扩散效应。

这个结越系越死了……

五、迁移，还是迁徙

如果说本章的前几部分都在从理论上看问题，那么本部分，我们来谈谈现实。

迁移和迁徙是一对近义词，都有从一处离开去到另一处的意思。只是当我们使用"迁徙"这个词时，我们都知道，它的主语在很短的时间里就会返回原处，就像北雁南飞、鳗鲡洄游。我们在说劳动力流动时，往往会用"劳动力迁移"这个词，从这个意义上讲，用迁徙来形容城市中的外来人口，似乎更恰当。

在 BBC 拍摄的纪录片中，"春运"被称作"全球最大规模的人口迁徙"，而这场迁徙中超过 60% 的人，都是外出工作的青壮年劳动力。他们中的大多数人仍然受到户籍限制，在劳动力市场分割下感受着差异化的待遇。拿到本地户口的这部分人，也并没有"无后顾之忧"，住宿是他们需要解决的第一大问题。并不是所有单位都提供职工宿舍，买房甚至仅租房就需要花费很大一部分工资收入。还是以北京为例，根据 2018 年发布的《北京租房报告》，北京市一居室的租金在 5000 元左右，一居室，在很多人眼里是一个三口之家的居住下限。在许多人惊讶于微博上晒出的城区 8 平方米"蜗居"的租金超过 2500 元时，其实四环之内已经没有租金低于 2000 元的单间①了。同期，北京市的人均可支配收入为 4769 元。这就意味着很多人要拿出 1/3，甚至 1/2 以上的工资花费在居住上，还不算一些人一边租房，一边还在攒钱买房。这在我们努力加大消费拉动对国民经济贡献率的当下，也并不是一个好现象。

《孟子》中说"民之为道也，有恒产者有恒心"，《后汉书》中也说"安居乐业，长养子孙，天下晏然"。

当劳动者无法在居有定所中获得安全感时，很难讲他还能在这座城市坚持多久。自 2017 年以来，"抢人大战"在各个城市陆续上演，"零门槛落户"家属随迁、人才引进补贴和安家费等政策很容易让人认为，劳动力流动的障碍正在逐渐消失。但仔细分析这些政策我们又会发现，大多数人才引进计划都是针对本地既有和规划发展的产业结构，在更大范围内、更有针对性地去欢迎掌握高端技能的人才，而不包括那些看似不被迫切需要的简单体力劳动力。

从经济学的角度来看，这种做法好像没什么问题，从前文的分析中我们了解到，只要有相对价格差距，就会产生劳动力流动。所以发达地区不用担心没有新的外来人口填补劳动力流出的缺口。我们暂且不去评判这种想法是不是过于理想化，只看一个现实中的例子。最近这几年，越来越多的家庭开始雇请育儿嫂帮忙照看孩子，过年还会给育儿嫂发红包。事实上，育儿嫂本身的工资已

---

① 单间：就是一栋房屋中的一个房间。这是现在房屋出租市场上的最小单元。根据 2011 年住房和城乡建设部出台的《商品房屋租赁管理办法》："出租居住房屋的，应当以一间按照住宅设计规范设计为居住空间的卧室或者起居室（厅）为小出租单位，不得分隔搭建后出租。按照住宅设计规范设计为餐厅、厨房、卫生间、阳台、过厅、过道、贮藏室、地下室、半地下室等其他非居住空间的，不得出租供人员居住。"此前有些人租住的"隔断间"，不被允许存在了。不过，直至 2020 年新冠肺炎疫情暴发，仍有很多人租住在隔断间。即便是他们，也同样面临着每年远超 CPI 的租金涨幅。

是不算低，即使是一些三线城市（如保定、威海），有一定工作经验的育儿嫂的月平均工资在 5000 元以上，持有母婴护理师证书的高级育儿嫂的月工资甚至可以达到 8000 元以上①。而且给红包的家庭并不都是富裕之家，即使是工薪家庭，过年前也要封个几千元的红包给对方。但问及原因，答案无外乎是要想办法留住对方，原因是好的育儿嫂很难找。供不应求、价格高企，这个道理似乎说得通。可这个价格似乎也太高了一点。其实，我们观察到的只是事件表面呈现给我们的短期供需矛盾，而育儿嫂的高收入背后，是一个短期收入和长期消费之间的矛盾。很多育儿嫂来自农村和小城镇，就像前文中所说，由于各种原因，她们只能是工作城市的"过客"，很多人是抱着"赚几年钱就回家"或"说不定哪天就不做了"的心态在工作。这些人在城市中的生活成本越高，这种想法就越强烈。她们在城市中所获取的短期收入要支撑更长时间里的总消费，消费内容也不只包括个人养老，里面还可能包括家中老人的赡养和医疗经费，以及孩子的抚养和教育经费。所以她们比城市里能工作到正常退休的职工更在乎整个职业生涯所获得的报酬的现值，她们必须以更高的价格来给自己及家人的未来上保险。随着发达城市生活成本日渐推高，有这样念头的已经不仅是育儿嫂们，许多处于中级劳动力市场的劳动者（M_{mid}）也开始产生这样的念头。和育儿嫂相比，他们的离开还带走了工作中积累的人力资本，对迁入地来说，也是不小的损失。

此外，这些迁徙的人，往往还会将部分收入或多或少地寄回给家乡的亲人，借以提高他们的消费水平，这对劳动力流出地无疑是件好事。反过来，对劳动力流入地来说呢？前文中提到过，人口红利包括很多方面，劳动供给自然

---

① 这一数据来自 2017~2019 年连续观测保定、洛阳、威海、宜昌、连云港等三线城市的地方论坛、当地家政公司报价和"天鹅到家"网站发布的市场行情后，将数据进行汇总得出的结果。目前，市场上的育儿嫂分持证和无证两种。持证的育儿嫂还分初、中、高三个等级，等级越高，价格也越高。一般来说，中级和高级育儿嫂因其经验丰富，更受雇主青睐。

重要，但消费和社会保障基金的积累同样也不容忽视，而且也到了我们不能忽视的阶段。与外来的城市移民（即获得迁入地户籍的外来人口）相比，农民工的社会保险参保率在很长一段时间里不足40%，有相当一部分人是主动要求不缴纳保险，而是换成相同甚至更低额度的工资。因为他们随时可能离开，即便参保，未来也无法从中获益。

在经济问题之外，劳动力迁徙伴随着的社会问题也很值得重视。空巢老人和留守儿童问题已经到了无论如何忽视不了的程度。这方面的研究很多，研究结论也较为一致，这里不再赘述。

第六章　倾听劳动者

天下何以治？得民心而已。

——王韬

任何角度的一体化，最终还是要由人来完成。站在一体化的角度，产业聚集意味着人口聚集，人口分散的情况下，产业聚集无从谈起。所以人的意见很重要。

在超大型城市，仅仅是给予落户指标就可以吸引到大批高端人才纷纷涌入；而在某些城市，在落户的基础上还承诺提供高额的安家费，但政策收效仍不理想。如何让劳动力主动流出去，或如何让劳动力愿意留下来，是摆在每一个城市群建设者面前最亟待解决的问题。

一、所谓高薪的背后

影响劳动力居留/流动意愿的有很多。在学术界和实践领域被广泛认可的因素包括迁入地经济水平、工资收入、工作性质、迁移距离、劳动力受教育水平等。

在所有这些因素当中，直接收入是获得了最多关注的影响因素。劳动力在做决策之前，会同时考虑真实收入和期望收入之间的差距，只有真实收入不少于期望收入时，劳动力才愿意留在该地区，反之，劳动力则倾向于离开。这就引出了下面两个关于劳动力对收入诉求的讨论。

1. 收入水平的衡量与去向

住房补贴、安家费、基准年薪和职务待遇等因素，共同构成了劳动力的直接收入。这也是理论研究领域在开展实证研究时，用来代表劳动力收入的变量。对于有迁移意愿的劳动者来说，目标地的直接收入，是他们最主要的考虑因素。所以，有一种说法认为，对于欠发达地区来说，只要地方政府给出的奖补金额具有足够的竞争力，就可以在一定程度上达到吸引人才的目的。这种说法有一定的道理，但并不全面。事实上，此类政策的执行效果最终还是要看劳动者对政策的认同度，而每个劳动者都有自己的想法。

首先，对于收入的衡量。一般情况下，我们对收入的衡量有两种尺度：一是直接收入和全部收入；二是短期收入和长期收入。在第一种衡量尺度下，如果劳动力满意于通过其他途径（如投资）获得的收入，对直接收入的要求就不那么高；反之，如果劳动是劳动力获取全部收入的唯一途径，自然就会格外青睐于高薪的工作。国外曾有学者做过这样一项研究，在彩票购买者中，中奖的人会明显减少工作时间，从而使他们的工资收入下降[①]。这与第五章里讨论过的，一些人在投资理财等经济活动中获得了不错的收入因而放弃掉工作的道

---

① Imbens G. W. , Rubin D. B. , Sacerdote B. I. Estimating the Effect of Unearned Income on Labor Earnings, Savings, and Consumption: Evidence from a Survey of Lottery Players [J] . American Economic Review, 2001, 91 (4): 778 – 794.

理相同，都说明劳动者更多地希望通过就业，达到现实收入增加的目的。在第二种衡量尺度下，如果劳动者预见到自己的未来收入水平是下降的，就会对短期收入要求更高，如果劳动者未来收入水平会逐年提升，对短期收入的要求相应地就弱一些。就像前文提到的育儿嫂，以及与她工作形式相似的很多流动人口，他们的职业寿命往往是短暂的，他们需要在比别人更短的时间里获得和别人相同甚至更高的收入，所以他们自然会选择工资水平更高的城市。更进一步地，在短期收入的衡量上，除了月工资和日工资，还有一个"时薪"的概念。这个概念很重要，这是劳动者的真实工资。我们马上会用一个例子来说明。

其次，对收入的态度。很少有劳动者将赚钱当作自己的人生乐趣，在更多人眼中，收入是维持现有生活水平或进一步改善生活的主要来源；工作本身，是绝大多数劳动者获取合法收入的首选途径。在劳动力市场中，劳动力供给与其他产品供给表现得不太一样——一开始，在收入并不高时，劳动力有意愿通过劳动供给来增加自身收入；随着收入增加给劳动力带来的效用增量逐渐下降，前者的吸引力明显变差，再继续提高工资待遇，也无法换得和之前等比例的劳动，"弯折的劳动供给曲线"就此形成。在传统劳动经济学中，弯折的劳动供给曲线仅仅来自于劳动力对闲暇和收入的取舍。在现实生活中，尤其是在工作城市的选择上，高收入的替代品绝不仅限于闲暇，还有需要等价收入来换取的生活质量。就像一位知名音乐人的书中曾提过的："生活不只是眼前的苟且，还有诗和远方。"

举个例子来说。第一章提到的小王从老家某卫星城到上海工作，她的同学小李留在卫星城，小王一个月工作 25 天，每天工作 10 小时，每月工资是10000 元人民币，小李一个月只工作 20 天，每天工作 8 小时，每月工资是8000 元人民币。问：二人谁的时薪更高？答：是小李！

小王的时薪只有 40 元，而小李的时薪却有 50 元。

如果未来小王觉得每天工作 10 小时很辛苦，她可能会放弃上海的工作回家乡，就像某知名网络公司的工程师放弃几十万元的高薪回家乡做一名普通的程序员那样。

2. 真实的收入水平

就以上两点，我们能够得出这样一个结论：劳动力的短期工资，是在长期里能够维系某一水平的生活质量所要求的收入的现值。因此，劳动者对工作岗位的诉求，不仅包含了对工资数量的要求，还有这些钱能达到的生活水平。在宏观领域，我们习惯用"可支配收入"来衡量居民生活水平。它的计算公式是：

居民可支配收入 = 城镇居民家庭总收入 − 缴纳所得税 − 个人缴纳的社会保障支出

其中，家庭总收入包括工薪收入、经营净收入、财产性收入（如投资收入、房屋出租收入）、转移性收入（如养老金、离退休金、社会救济收入）。

不过，在微观领域，百姓并不是这样计算的。很多人在分配工资收入时，会先设定一个月度基本开支的限额，以此为基础，再来规划每个月的投资、理财和文娱花销。在收入的分配上，除去劳动者在自己身上的开销，家庭成员的开销也会被纳入考量的范围。

我们还是以小王和小李为例，两人每月的名义可支配收入都是10000元人民币，且两人住房成本和每个月工作强度都一样。小王每月收入中，扣除日常的衣食住行，还可以有3000元钱的结余；小李每个月扣除相同水平的衣食住行，只剩下1500元。

那么，问题来了，谁的生活水平更高呢？显然是小王。

一定会有读者朋友惊呼"不可能"——明明卫星城市薪资普遍低于中心城市，怎么消费水平反而更高呢？

的确，在欧美一些国家，大城市的生活成本往往要比小城市高出1倍还多。但在中国，尤其是城市群的中心城市和非中心城市相比，很多时候除了房价，前者的生活成本尤其是对日常生活用品的支付反而要明显低于后者。依照理查德森（Richardson）在《城市规模经济学》一书中所假设的，如果把城市看作是一家企业，它同样遵循成本—效益模型。前文曾经提到过，导致大城市病的一个重要原因是产业过度聚集造成的规模不经济，而大城市的生活成本恰恰是因为产业聚集实现了规模经济而低于小城市。

如果劳动者在中心城市只能获得 70 个单位的收入，而其他城市在提供100 个单位收入的同时，需要劳动者额外支付 50 个单位来维持之前的生活质量，相信绝大多数劳动者都会拒绝离开。

二、对户籍的执念

在早期研究成果中，户籍是另一个被经常提到的影响因素。

前文曾提到过，户籍的公共资源分配功能，直接起到了限制人类流动的作用。大量研究成果表明，户籍的可得性，对劳动力流入呈现出显著的负向作用。

1. 收入的差距

早期表现最为明显的户籍红利，是户籍人口普遍高于外来人口的直接收入，这已经被很多研究所证实。对于更早期研究得到的这个结论，也许会有人产生这样的疑问——前文曾提到过，外来人口将城市劳动力从简单劳动中解放出来，转而从事知识含量更高的工作，所以，会不会是因为早期的外来人口普遍是从事简单体力劳动的农民工，他们的工资自然低于城市从事复杂脑力劳动的原住民的岗位收入。果真如此，这是社会分工的问题，无关于户籍堤坝效应。或者还有人曾提出过这样的问题——也可能是由于外来人口的综合素质普遍低于中心城市劳动力，毕竟中心城市在各方面的建设都普遍高于域内其他地区。为了解决这两个问题，我们求助到中国综合社会调查数据库（Chinese General Social Survey，CGSS）。经过对 2012 年的 2600 份外来人口有效样本进行比对之后，得到的结果是：同为外地人口，在受教育水平等因素都相当的情况下，获得户籍身份的永久移民的工资，普遍高于没有取得户籍的流动人口。一份基于中国家庭收入调查数据库（Chinese Household Income Project Survey，CHIPS）2002 年大样本数据的研究也发现，户籍歧视对本地居民和外来人口之间的收入差异的解释力度高达 60%。① 在另一份基于浙江省流动人口数据的实证研究中，这个数字在 20% ~30% 之间。② 通过对二者的对比，我们似乎可以认为户籍歧视与市场化程度呈现出反向变动的关系，即市场化程度越高，户籍歧视的作用越小。但魏万青在 2012 年提交的研究成果否定了这一猜想：对于受教育程度高的劳动者而言，越是市场化程度高的部门，户籍歧视的负面作用反而越大。③④

2. 就业的门槛

户籍制度对外来人口的求职也造成了不小的障碍。在严格控制户籍的时期，本地劳动力就业的合法设立的"正规单位"，有着严格的管理制度和薪酬体系，大多是不招收外来人口的，后者只能进入个体经营的"非正式单位"；而且即使是进入到"正规单位"从事相同的体力劳动，本地劳动力能够成为

① 邓曲恒. 城镇居民与流动人口的收入差异——基于 Oaxaca - Blinder 和 Quantile 方法的分解 [J]. 中国人口科学，2007（2）：8 – 16.
② 姚先国，赖普清. 中国劳资关系的城乡户籍差异 [J]. 经济研究，2004（7）：82 – 90.
③ 魏万青. 户籍制度改革对流动人口收入的影响研究 [J]. 社会学研究，2012（1）：152 – 173.
④ 这里涉及了户籍人口的另一方面优势，即作为本地人对城市的熟识程度明显高于外来人口。

"在编人员"，外来劳动力却只能取得临时工的岗位。① 从魏万青的研究来看，这种情况在市场化改革之后并没有得到明显改善。这或许和我们平日里观察到的现象不太一样，因为在"体制外"，越来越多的外来人口与户籍人口做着相同的工作、拿着相同的工资。其实，这是因为城市本身的劳动力市场"蛋糕"做大了，对劳动力的需求增加了，因而向全社会提供了较之前更多的劳动岗位。而原来那块蛋糕的分法并没有改变。

3. 户籍堤坝效应在削弱

户籍制度人为地抬高了外来人口在很多方面的门槛。除了上文提到的收入和就业，买房、购车、看病、就学等问题，诸如此类，虽不会规定行为人必须具有本地户口，但会增加若干只为外来人口设置的限制条件。

可能有的读者会问，说来说去都是户口在限制外来人口，为什么还成了劳动力钟情于这些城市的理由了呢？

我们不妨换个角度来想。

户籍可得性差的城市，往往也都是经济增长态势很好的城市，这种城市并不缺少普通劳动力，甚至不缺少复杂脑力劳动力。这种户口的"含金量"很高，这不仅意味着高收入，也意味着高公共服务水平，最典型的当然还是基础教育和公共医疗，以及较其他城市更高的养老金。如此高的生活质量自然吸引了大批高端劳动力的聚集。其中不乏为了拿到当地户籍，降低择业标准的高端人才，足可以看出发达城市户籍对劳动者的吸引力。接下来的内容我们在前文已经提到过：高端劳动力的聚集带来了对应用型人才和简单劳动力的需求增量，需求又创造了就业岗位，所以越是户籍可得性差的城市，反而工作机会比小城市更

---

① 汪和建. 就业歧视与中国城市的非正式经济部门［J］. 南京大学学报（哲学·人文科学·社会科学版），1998（1）：131－141.

多；外来人口被即使低于户籍人口、仍符合预期的可支配收入吸引，涌向发达城市。正是由于太多外来劳动力的聚集，才迟迟不肯放松户籍管制的。

而且，随着社会保障制度的全社会推行，外来劳动力在越来越多的领域能够享受与本地居民相同的待遇，尤其是在养老和医疗方面。试想，即使是户籍居民，也不一定都会进入国有企业或事业单位，而一名外来劳动者，除了没有本地户籍之外，过着和户籍居民相同的生活，退休之后还可以凭借之前缴存的社会保险继续留在迁入地养老，这种状态与之前相比，户籍堤坝效应已经大大降低了。这在很大程度上提高了外来劳动力在中心城市的居留意愿。

自 2015 年开始，中国的流动人口的规模由上升转为缓慢下降。也是在这一时期，广州、厦门、杭州、武汉等城市悄悄降低了落户门槛，开始为更多外来劳动力办理落户、发放补贴。随后，越来越多的城市出台了明确的人才引进政策，不久，"抢人大战"在全国各地陆续上演。

愈演愈烈的"抢人大战"证明了一个事实：城市劳动力市场作为买方市场的身份已经改变了。换言之，户籍堤坝效应对迁入劳动力的作用还将被继续削弱。

户籍，不再是一个限制劳动力涌向中心城市并与户籍人口分享公共服务的障碍了。

三、高房价是控人"利器"吗

如果户籍不再是迫使劳动者离开中心城市的手段，那么房价会是吗？

有关房价对大城市控制人口的研究，学术界至今没有形成统一的结论。大部分学者认为，房价和人口之间的影响关系是相互的，人口总量越大，房价也就越高。这些研究同时也指出，基于劳动力流动的视角，房价对人口流动产生总量挤出效应，由于普通劳动力尤其是简单劳动力相对于高端人才对房价更为敏感，房价还可以起到优化城市劳动力结构的作用，也在一定程度上阻碍了人口的城市化进程①②③。

1. 城市的劳动力之失

陆铭教授团队的研究成果显示，工资、基础教育、医疗服务和城市基础建设状况这些因素对劳动力居留意愿的影响，都不同程度地大于房价，其中工资和城市基础建设的影响程度是房价的 2 倍还多。据此我们可以想见，越是受教育水平高的劳动力，工资水平越高、在城市提供的公共服务中获得的效应越大，越不会因房价高企而离开。也就是说，工资水平和公共服务等正向收益对劳动者的吸引力，远远超过了高房价产生的斥力。从这个角度来看，高端劳动力的居留意愿是最强的。紧接着，由于高端劳动力需要应用型技术人才和简单体力劳动者为其做配套服务，于是城市的劳动力市场一定会吸引到这两类劳动力的流入。这部分人虽对房价波动更为敏感，但基于工资水平，会在相当一段时间内留在城市当中，或者等待时机留下来，或因买不起房而离开，或因无法继续提供劳动而离开。这部分人离开之后，在市场机制的作用下，仍会有新的劳动力迁入城市，填补供给缺口，使市场重新达到均衡。

整个过程看起来没有任何效率损失。现实真的是这样吗？

首先，劳动力流入再流出将产生双重人力资本浪费。依据新增长理论，人力资本是经济增长的一个重要源泉，人力资本的积累主要来自劳动力接受教育、参与培训和工作活动。劳动力是人力资本的载体，有工作经验的劳动者能

---

① 曹清峰. 房价上涨对人力资本流动影响的实证研究 [J]. 产业创新研究，2017 (2)：35 – 40.

② 韩民春，冯钟. 房价上涨对人口城市化的影响——基于房价收入比门槛效应的分析 [J]. 城市问题，2017 (5)：98 – 103.

③ 杨巧，陈诚. 房价会影响人口迁移吗？[J]. 经济与管理，2018，32 (5)：38 – 44.

提供的人力资本一定高于相同领域的应届生。很多企业在招聘时对一些岗位标注"应具有××年相关领域工作经验"，就是这个缘故。那么，在劳动力对房价敏感的情况下，一部分技术型人才被高收入吸引，先是流入大城市，在工作和培训中持续积累人力资本，然后被高企的房价"劝退"。于是，城市的人力资本在大概率上会形成持续积累—减少—补充积累—再减少的循环。这是第一重浪费。第二重浪费发生在劳动力流出之后。劳动力再次选择迁入地，在工资收入上往往低于劳动力被迫迁出的城市，如果我们认同"工资是对人力资本的标价"的话，更低的工资则意味着这部分流出的人力资本被低估，或部分被浪费了。越大的城市越有助于人力资本积累，相应地，这部分劳动力流出令城市损失的人力资本就越多。

其次，劳动力不做居留打算将产生双重消费损失。前文曾提到过，流动人口社会保险的参保率低，一个很重要的原因就是他们无法从中受益，或不知道如何从中获益。毕竟他们只是城市的"过客"，如果不了解提取社会保险的方法，这笔钱对他们而言，就是净损失。同样地，因为不能定居，他们对家庭耐用品的消费也会相对少很多，毕竟当他们离开这座城市时，家用电器和家具是很难带走的。不仅如此，由于无法定居，他们会将一部分收入寄回给老家留守的孩子和老人。这一行为也制约了流动人口在迁入地的消费水平。还没有结束，城市的总体消费水平被流动人口的消费限制拉低，还将造成城市服务行业劳动力收入的下降[①]。这部分劳动力的消费水平也将受到限制。

在刚才的例子中，如果小王一个月要在房租或住房贷款上多花费 2500 元，每个月的结余就只剩下 500 元，她的生活质量就低于小李了。如果小王买不起

① 梁文泉．不安居，则不消费：为什么排斥外来人口不利于提高本地人口的收入？［J］．管理世界，2018，34（1）：78 – 87.

房，离开大概只是一个时间问题。在中国青年报社社会调查中心 2017 年面向北、上、广、深工作和学习的受访者做的问卷调查中，有超过 70% 的受访者表示已经没有了在这些城市久留的意愿，在他们中间，有 64.4% 的人认为"高房价"是他们选择离开的主要原因之一，46.9% 的人认为"高生活成本"也是促使他们做出这一决定的一个重要原因①。

2. 劳动者的另类智慧

随着"户籍堤坝效应"强度越来越弱，交通越来越方便，异地就业也越来越便利。许多人过起了"房在花桥，人在虹桥"的双城生活。我们暂且将这些人称为"候鸟居民"。

将居住地迁至卫星城的行为，对卫星城经济增长的促进作用是长期的。一方面，候鸟居民的购房行为对卫星城的地产市场起到了正向激励作用；另一方面，候鸟居民高于卫星城原住居民的收入对卫星城的消费拉动作用也是正向的。

诚然，房价控人是一个市场行为，是价格筛选机制作用的结果。只是，以房价控人最终很难实现流动人口在总量上的下降，在过程中还会造成人力资本和消费的双重损失。

四、所谓生活质量

从前文的描述中不难发现，人对生活质量的主观诉求反映在劳动力市场

---

① 新华网. "64.4%受访者考虑离开北上广深首因是房价高"［EB/OL］. http：//www. xinhua-net. com//2017－04/11/c_1120789606. htm.

上，形成了短期劳动力市场的供给价格。换言之，劳动力的供给价格，同时也是其购买某种质量的生活感受的价格。因此，劳动力的供给价格中主要包含两大部分内容：一是物质享受；二是精神享受。前者依靠货币收入来实现，后者依靠就业岗位提供的情绪价值。物质享受又可以分为个人提供部分和社会提供部分，个人提供部分通过工资收入来实现，社会提供部分通过社会公共服务来实现。

如果小王在上海的 10000 元收入之外，因缴纳社会保险还能够享受到价值 2500 元的公共服务，这部分收入恰好抵消了住房部分的超额支出，她可能还会选择留在上海。

每个迁入或迁出大城市的人都有自己的理由，无论是收入还是住房，抑或是本地户口，劳动者所关心的，只是它们能给自己带来多大效用，即生活质量。有人是为了自己的生活质量，也有人是为了亲人的生活质量。

我们在本部分一开头提到的欠发达地区人才引进政策，恰恰只能提供在短期内比较有竞争力的工资收入，而对应的就业岗位是否能让人力资本充分释放价值、相同价格购买的社会服务是否能达到发达地区同等质量，都没有被纳入其中。这种引才政策的实施效果不理想，也就不足为奇了。

下　篇

区域融合之路

第七章　制度变迁之门

话说天下大势，分久必合，合久必分。

——罗贯中

制度的主要任务之一，就是要降低交易行为的无谓损失。这也是我们评价制度合理性的一个非常重要的指标。不过，对制度的评价结论并非一成不变的，因为制度运行所依赖的世界每时每刻都在发生变化。正如古希腊哲学家赫拉克利特所说，"人不能两次踏进同一条河流"，我们也不能以静态的眼光去审视动态环境中的制度效果。当我们还在激烈地尝试证明某一项正在实施的政策的有效性时，这项政策距离失效可能已经很近了。这也构成了制度变迁的重要原因。

为了方便讨论，在以下理论分析中，我们假设制度中的每个个体都是"经济人"。

一、制度何必变迁

在制度经济学的研究框架中，权和利总是结伴而行。任何一项制度的运行，都对应着一束权利的分配结果。个体得到权力，利益往往随之而来；个体获得利益，大抵是运用了权力的缘故。所以，涉及权利分配的制度，如果有人不满意，自然是无法推行下去的。那么，一项制度之所以能够长久地运行下去，一定是制度中的各个群体都不反对当前的权利分配方案，无论这种不反对的态度是主动的还是被动的。

这时候，制度的供给恰好等于制度需求，而且与其他制度彼此协调。

在经济学中，这种状态被称为"均衡"。

与市场均衡相类似，制度的供求均衡也是动态的。一旦制度的供求出现缺口，制度就出现了变迁的可能；而当有人站出来主动反对当前的权利分配方案时，制度变迁就在所难免了。

在这里我们需要回答以下三个问题：

第一个问题：如何理解我们要研究的制度与其他制度之间的协调关系？

制度之间的协调关系，一般包括三个层面：第一，是制度与上位制度（即效力更大的制度）之间的协调，如果上位制度已经制定完毕且被认定是符合客观要求的，该项制度就必须要遵循上位制度的基本安排，不能出现与之相矛盾的地方；比如国有资产监督管理委员会（以下简称"国资委"）经过详细论证后明确规定，国有资本收益上缴公共财政比例为30%，而国有资本运营公司（以下简称"运营公司"）规定的这一比例为20%，在执行中企业应当按照国资委而非运营公司规定的比例上缴，这与司法实践中的"上位法优于下位法"原则十分类似。第二，是这项制度和正在施行或者即将施行的同位制度之间的协调，如果这两者出现矛盾，必然要将两项制度放在一起进行论证，最终选择更合理的一项来执行，如果经过论证发现两项制度都存在不合理之处，则需要基于现实要求做进一步修正。第三，是该项制度与下位制度之间，如果下一级制度的合理性能够被论证，则需要对该项制度进行修正，反之，则需要对下一级制度进行调整。比如依照某市印发的市属国有企业领导人员聘任办法中要求，受聘为总经理的人员必须具备本科及以上学历，但企业在招聘启事中公布的条件却是"学历不限"，这种制度冲突同样需要通过论证来决定制度的保留、完善或废止。也就是说，在经济活动实践中，并非总是下位制度让位于上位制度，由于制度制定和执行过程中，委托代理链条过长，上位制度安排经常会出现脱离实际的情况。因此，经济政策调整大多呈现出的是一种"从上向下落实→从下向上反馈→从上向下调整"的循环改良模式。但必须明确的一点是，为了避免执行实践混乱，无论调整前还是调整后，上位制度始终优于下位制度，管理者不应当默许执行层擅自以后者替代前者，更不应当默许非正式制度长期代替正式制度发挥作用。

第二个问题：是什么导致了原本均衡的制度出现了供求缺口？

在微观经济学中，导致原有均衡无法继续维系的原因有三种：一是供给发生变化而需求没变；二是供给不变而需求发生变化；三是供给和需求同时发生变化。打破制度均衡的原因，和第二种类似，即供给未变但需求变了。其一，上文曾提到，产出是资本、劳动、技术和制度等诸多因素综合作用的结果，在制度不变的情况下，资本、劳动或技术投入的任何改变，都有可能导致产出情况发生改变。一旦改变的结果不令人满意，制度的需求缺口就会出现。举个最简单的例子，某地区以固定比例投入资本和劳动，直到有一天发现当地已经没有足够多的劳动力来维持现有的产出水平，且无法依靠技术进步在短期内弥补这一产出缺口，地方政府就会出台人才引进政策，以期吸引到更多的劳动力以确保产出不会下滑。另外，即使总产出不变甚至增加，倘若有制度中的群体对权利分配结果主动提出反对意见，原有的均衡状态也将被打破。就拿中国古代历朝的农民起义来说，大多数起义都是为了抵制当时的农业税收制度。尽管当时的农业税收制度在今天看来极其不合理，但也不是一经推行就遭到广泛反对的。

第三个问题：为什么在对待同一制度时，会有群体表现出前后不一致的态度呢？

根据阿罗不可能定理①，任何一项制度要想做到让所有人满意，本身就是一项不可能完成的任务。制度中的各个群体能够接受正在实施的制度，其实是因为他们之间的矛盾尚处于温和状态。换言之，在更多时间里，制度变迁之所以没有发生，并不是因为其一直处于均衡状态，而是因为制度中获利较多的一方有足够的能力维系现行制度，或者说有能力的一方满足于从现行制度中获得的收益形式和总量。获利较少的群体可能本身对分配结果并不满意，但鉴于其自身力量尚不足以令其他成员同意他提出的方案，贸然要求执行新制度不仅不会为其带来更多收益，反而有可能造成额外损失，所以就只好被动地接受了现行制度的分配结果（当然也有可能是在经过了一番讨价还价之后，不得不接受这样的分配结果）。不过，一旦利益占优方失去了维系当前局面的能力，此前的弱势一方就会要求修改权利分配方案来提高自己的收益。通常情况下，这种维系或改变制度的能力可以是经济实力、政治话语权，也可以是技术能力，总之是能够限制其他群体选择行为的力量②。举个例子，产业链上的一众企业本应是平等的合作关系，但如果彼此之间结成的是垂直分工的关系，那么位于

---

① "阿罗不可能定理"是指，如果众多的社会成员具有不同的偏好，而社会又提供了多项备选方案，那么在民主制度下，不可能得到令所有人都满意的结果。

② 在现实中，经济实力、政治话语权和技术能力往往紧密相连。特别是在工业化进程中，城市的技术能力越强，产业附加值越高，地方经济实力和地方政府的谈判能力也越强。

低附加值环节的企业对产业链的依存度越高，就越难要求到符合自身预期的收益，当然也就不具备发起制度变迁的能力。

综上所述，制度变迁的发生，首先必须同时具备三个条件：制度之间的矛盾冲突、制度本身的非均衡状态和有诉求一方的改变能力。也就是说，制度在均衡状态下，权利分配方案是绝对不会发生变化的；即便有人对分配结果不满意甚至提出要修改分配方案，制度也不会立刻发生变化；直到对分配结果不满意的一方掌握了改变分配方案的能力，制度变迁才会发生。其次，制度变迁并不总是沿着帕累托改进的方向，或是卡尔多－希克斯改进的方向向前推进，因为推动变迁的一方的目的是为了从新制度中获取更大的回报，至于制度中其他群体是否能从中获益，并不是变迁主体重点考虑的问题，因此也极容易导致掌权一方以牺牲其他成员的利益为代价来获取自身的利益增量。① 这也是为什么并非所有新制度都优于旧制度的原因。

这个推论对制度变迁中的每个个体而言，都不是一个值得开心的结果，同时也是任何制度创新都需要警惕的结果。要知道，每一个制度中的个体并不总是具有足够的力量来维系有利于自己的制度，掌权一方并不总是能够制定出让其他成员乐于接受的分配方案，弱势一方也并总是能分得符合预期的收益。

这种变迁的最终结果，用曹雪芹先生借黛玉之口说的一句话来形容恐怕再贴切不过了——不是东风压了西风，就是西风压倒了东风。

---

① 帕累托改进的结果是没有任何成员的利益少于变迁之前，卡尔多－希克斯改进的结果则是制度中各群体的利益总量更多，且获得利益增量的一方在补贴受损群体后仍有剩余。如果某一次制度变迁并没有带来生产力发展或现有要素配置优化，仅仅是改变了利益的分配方案，而待分配利益总量没有发生改变，那么，掌权一方所获得的利益增量必然来自失权一方的利益损失，再扣除过程中各种不可预期的无谓损失，最终前者所获收益增量将小于后者的利益损失。显然这种变迁不能算是任何意义上的"改进"。

二、地方分割的效率损失

地方分权对经济的影响究竟是积极的还是消极的？

有关这方面的研究并未得出一致结论。

当我们回头重新审视这段历史，不难发现，中华人民共和国成立之初，中国在特殊的国际局势和国内政治局面下，迫切需要迅速稳定国内经济，并凭借自身力量建立起比较完备的工业体系。财税收入统一上缴中央、再由中央统一安排支出的共享财政体制正是响应了当时的制度需求。但随着这一时期的建设进入尾声，大一统的经济体制对国民经济的贡献增量由正转负，原有的要素构成无法继续提供同等数量的产出，甚至制度中的中央政府、地方政府、企业乃至个人都无法从这种分配方案中获得正向收益。这种严重的非均衡状态正好为后来的经济体制改革提供了契机。

以放权让利为起点的分权及相关制度安排，陆续向地方、向企业释放权力，并让渡了与这部分权力相匹配的经济收益。尽管有关土地财政、财权事权不匹配等话题的争议一直没有停止，但我们必须看到，这段时间里，中央和地方两级政府作为分权改革的主导者①和践行者，对经济增长的正面贡献是大于消极作用的。许多研究从不同角度论证了分权程度与中国经济增长之间的关系。其中还有早期研究曾指出，中国改革开放之初取得的发展红利，恰恰来自这场行政式分权改革。分权制使地方政府和企业越来越接近于独立的经济主体

---

① 制度变迁的主导者和主体是两个不同的概念，只要主动参与到制度变迁当中，并非完全被动接受变迁结果的群体或个体，都被认为是制度变迁的主体，这其中对变迁方向起决定性作用的主体则被视为制度变迁的主导者。

的同时，也增强了这二者从制度中实现利益增长的能力。而中央政府在让渡部分权利后，反而得到了更多财政收入。从不被任何主体接受的制度，转变为大家都能从中获利的制度，这无疑是一个帕累托改进的过程。

分权必然加剧地方分割，前文已经用大量的篇幅描述了这个现象。分权制的全面实施，直接造成了地方利益凌驾于全局利益之上、短期利益让位于长期利益。经济利益的核心是经济增长模式的选择。在此背景下，各地方政府想要在 GDP 竞赛中胜出，见效最快的就是资源消耗型的增长方式。这种增长方式对随之而来的产品市场供求错位和生产要素配置扭曲产生了巨大的负面影响。

就拿生产要素市场来讲，改革开放以后，劳动力在名义上①被允许自由流动。之所以说是"名义上"的，是因为户籍制度在限制着流动人口迁移上一直起着显著的作用。鉴于公共资源的稀缺性，并非所有城市都愿意将外来劳动力的户口迁入本地，即便对方在当地已经购置房产。不过，无论是名义上的，还是实际上的，由于各地区差距早已形成，劳动力仍然与资本一同快速向发达地区聚集。一开始，剩余劳动力从户籍地流向发达地区的行为，对迁入地和迁出地来说都是好事，前者得到了更快的经济增速，后者的人均 GDP 也有了一定程度的提升。这种改变显然仍是一种帕累托改进。

很快，劳动力流动就变成了只对迁入地有利的行为：一方面，更多优质劳动力的迁入带动了资本的同向流动，这些地区聚集的生产要素数量较之前更多，结构也更合理，同时迁入地也逐渐具备了挑选生产要素的能力；另一方面，户籍限制了流动人口享受与本地人同等公共服务的权利，却不允许他们在产出上打折扣。所以，迁入地从流动人口那里获得的利益增量仍然大于追加公共资源的支出。但这一时期迁入地的经济增长是具有显著负外部性的，因为此

---

① 1995 年前后，户籍制度曾一度出现了"松绑"的迹象，这恰好与分税制正式实施的时间段重合，很容易让人认为这是地方政府通过"土地财政"增收的举措。但这一猜想没有实证研究支撑。

时为其提供劳动力红利的，已经不再是欠发达地区的剩余劳动力，而是实实在在的有效劳动力。产出缺口就这样出现了，并且还有加速扩大的迹象。

鉴于劳动力迁出地之前的经济增长普遍逊于迁入地，这些地区的产出减少量自然是低于迁入地的产出增量的。所以，这一阶段国家经济的增长水平仍然是正向递增的。

为了弥补欠发达地区在要素配置上的缺陷，国家将劳动力迁入地增量收益的一部分用在了对前者的转移支付上，同时还加大了政策扶持的力度。然而，"瘸腿"的生产要素组合终究无法在短期内弥补劳动力流失造成的产出缺口，就更别说实现资源优化配置了。于是，这些地区很快就出现了经济增速下滑加快的现象。

随着生产要素持续向发达城市聚集，这个举动给迁入地带来的增量收益越来越不明显。最直接的证据，就是发达地区劳动力市场上出现的高端人才能力和薪酬被贬值。"大城市病"释放的信号，绝不仅是人口密度与公共资源之间产生的矛盾，还有人口过度聚集造成的生产要素浪费已经无法一如既往地为城市提供增长。

一边是发达地区的增长减量，另一边是欠发达地区的下滑加速。

中国迄今为止也只有 16 个超、特大型城市①，城区人口超过 300 万人的城市只有 30 个，而全中国（不含港澳台地区）一共有 663 座城市。数量稀少的领头羊和逐渐萎缩的经济增长恐怕很难应对转移支付依存度越来越高的欠发达地区。

想要改变，最理想的情况是怎样的？是要素能够在全球范围内、以效率最

---

① 2014 年国务院发布的《关于调整城市规模划分标准的通知》中规定：城区常住人口数量超过 1000 万的城市为超大城市；人数在 500 万～1000 万的是特大城市。根据《2019 年城市建设统计年鉴》，这 16 个超、特大城市按城区人口数量由多到少排序依次是：上海、北京、重庆、广州、深圳、天津、东莞、武汉、成都、杭州、南京、郑州、西安、济南、沈阳和青岛。其中到天津为止的 6 座城市为超大型城市，其余 10 座城市为特大型城市。

高的组合投入生产。如果考虑到各国之间的关税壁垒，至少在全国范围内，产出结构的效率能够达到最高。很遗憾，即便是在国内市场上，行政分割的藩篱，基本断送了要素配置的跨行政区划优化的可能。

如此种种，都在向我们展示，40余年改革辉煌之下经济主体之间仍然存在着各种矛盾。这些矛盾在党的十九大报告中被归纳为"人民日益增长的美好生活需要和不平衡不充分的发展之间的矛盾"。

这是当前社会的主要矛盾。它们无法被跨过，也不应当被忽视。

什么是"不平衡不充分的发展"？

就具体表现而言，显著的产业差距、区域差距、城—乡差距、城—城差距、收入差距，这些都是经济领域的不平衡不充分；性别歧视、人户分离、公共服务差距，则是社会层面的不平衡不充分。

万幸的是，到了这一阶段，无论是发达城市还是欠发达地区，无论是政府、企业还是个人，都已经表现出对目前这种产出效果的明显不满。

三、区域一体化是个好办法

"冰冻三尺非一日之寒"，所有矛盾从萌芽到爆发都要经过很长时间的积累；要化解这些矛盾，也并非一朝一夕之功。彻底弃用当前的政策体系，换上一套全新的政策，在短期内全面开放国内的产品和要素市场，这是行不通的。

1. 激进式改革的风险

在全面开放的市场上，优秀的经济主体往往更倾向于同与自身实力相当，甚至比自己更强的主体建立长久的合作关系。一方面，从产业附加值的角度上讲，要想在全面市场化的竞争中胜出，企业能依靠的只有产品高对手的产品附加值。产品附加值越高，产业壁垒越坚固，市场地位也就越稳定。另一方面，即使是从成本领先的角度来看，区域外那些掌握技术更先进、劳动参与度更低、管理方式更先进、资本流动速度更快的企业，他们所能够提供的产品价格很可能在加上各种费用之后仍然低于域内那些技术落后的劳动密集型企业的产品价格。随着全社会的沟通成本持续降低，高速的互联网接入和可视化技术让远程会议取代了很大一部分线下会面，全球性新冠肺炎疫情的暴发又推动了这一技术的全面推广和迭代更新。加之随着世界文化传播和国内外人口流动越来越频繁，文化融合趋势日渐明显，传统文化和风俗习惯对社会文化的影响越来越小，反倒是经济水平对社会文化的作用越来越清晰。各种迹象表明，临近城市之间的区位优势正在一点点消失，所以即使空间距离较远，一线城市之间的经济联系也势必会更加紧密。

即便发达城市的要素配置扭曲有机会得到缓解，但欠发达地区的处境更加恶劣了。随之而来的，就是地区之间的差距加速，原有的问题仍然没能得到妥善解决。

什么样的方法更合适？

或许中国的改革开放能够帮助我们找到答案。与东欧国家推行的激进式改革相比，我们的政府当时选择了渐进式的变迁方式，走的是一条以增量改革促存量调整的道路。事实也证明了中国选择的这条路是正确的。这种改革最大的好处在于既能充分利用现存的资源，又能避免短期内分配方式的剧烈变化导致的矛盾冲突，通过普惠制举措，大大降低了改革的风险，避免了宏观经济波动带来的大规模社会动荡。

"罗马不是一天建成的"，实现国内市场的全面开放也要一步一步来才行。

既然短期内全面实现市场化既不现实，也存在较高的风险，那或许我们可以先定一个能达到的"小目标"——先在一定区域范围内，实现产品和要素的自由流动。然后在这个基础上，一点点扩大流动范围，最终实现全国范围内的资源配置优化。

这正是区域一体化和城市群的建设初衷。尽管我们不能在一夜之间解决所有的矛盾，但我们可以选择从哪里开始。

2. 区域一体化的主体行为

不过，根据前文所说，制度变迁并不一定能让所有人的收益都变好。那么，接下来要推行的新制度，在中心城市和成员城市中，到底谁的处境会得到明显改善呢？

正如我们看到的那样，中心城市是城市群中能力最强的一方，如果中心城市的地方政府一心想要借助一体化修正要素配置扭曲的现状，那他们在设计方案和执行计划的过程中，极有可能凭借强大的谈判能力让一体化沿着他们自身利益逐步改善的路径进行下去。最终将附加值最高的、最有益于财政收入的产业留在本地，将投入产出比不理想的产业分配到其他地区，而忽视这一举动给成员城市造成的损益变化是否合理。

其他成员有讨价还价的余地吗？很困难。成员城市之所以是"成员"，就是因为无论是他们的经济能力还是政治话语权，都要逊于中心城市。在之前的谈判中就没能争取到有利于自己的分配方案。

更进一步地，虽说地方政府利益是地方利益的具体体现，但中央政府对地方政府的考核体系并不能准确衡量地方利益的真实情况，因此在现实中，二者并不总是相等的。不仅如此，官员作为地方政府的代理人，虽说不能公开地表现盈利的意愿，但又具有追求个人利益的本能，因此他们也会倾向于按照有利于优化自身利益（如政治晋升机会、个人收入）的路径来设计一体化方案。所以最终方案往往是经济类内容很多、社会属性的内容寥寥无几，可能获得奖励或被问责的内容很多、不被上级主管部门重点关注的内容很少，短期内成效显著的内容较多，注重长期可持续性的较少。而且这个过程还很容易滋生腐败。

我们很难讲这种一体化的最终结果是城市群整体收益的提升还是下降。但能够确定的一点是，中小城市的利益变化一定不会是正向的，即使中心城市通过大量的转移支付来补偿其他成员的损失。这是在之前的改革中已经被无数事实验证过的。即使在转移支付的补偿下，成员城市的收益超过了地区融合之前，这种分配模式能持续多久呢？

该如何避免此类结果的发生？

我们不要忘了，区域一体化也好，城市群也罢，参与建设的主体并不是只有中心城市和成员城市这两个主体。中央政府所代表的国家层面，也是主体之一，而且还是整场变迁的启动者。

如果是这样的话，我们再来看一下区域一体化行为会不会有些许改进。这个答案是肯定的。一方面，国家在一体化变迁中的收益来自整个城市群的收益，因而在制定行动方案时，国家不会只关注某一方单独的收益增量，甚至不是某一个城市群单独的收益增量，而是更看重全国范围内的投入产出效率是否能有所提升，从而保证一体化方案的合理性；另一方面，国家具有比城市群的任何个体都更为强大的力量，在与中心城市的绝大多数谈判中都能处于优势地位，确保一体化规划的有效落实。

这也解释了为什么所有国家级的城市群都是由国家发改委报送、由国务院批复。

从国家的角度再来看区域一体化，最理想的效果并不是"1+1>2"。正如早期一体化呈现的那样，在融合过程中，中心城市获得的利益是 1.5，其他成员的利益下降为 0.8，在总量上看也达到了大于 2 的效果。可这不是一个最理想的效果。

区域一体化最理想的效果，应当是"A×B>Max（A，B）"，这需要城市群的每个成员的利益增量都必须为正才能实现。

因此，当国家作为区域融合的主导者时，城市群的各个城市之间的分工最有可能沿着成本持续降低，或附加值不断增加，或二者兼顾的路径向前发展。换言之，由国家规划的城市群一体化，应当是一个持续帕累托改进的过程，它的最终目的应当是实现共赢。

3. 关于国家主导的迷思

在国家层面应当如何推动区域一体化的研究上，理论界的主流观点可以归为以下两大类：一部分学者建议重新调整行政区划，鉴于行政区划是地方分割得以实现的基础，将现有的行政区划继续向外扩大，对中心城市周边地区升格、合并，"分割"的问题自然也就不存在了。另一部分学者则主张，在现有的行政区划之上再设立一个行政级别更高的协调机构，以第三方的身份从国家角度代为协调各地区利益，这种方式要比多地博弈之后达成的分配方案更加符合整体利益要求。这两种方案其实是同一种思路的两种表达——前一种是将原有行政区划的功能放大，后者则是主张将其权利缩小。

我们国家对不同层级的行政区划的设定，有十分明确的规定，即使是同一层级的行政区划名称改变，都有非常具体的要求。比如一个县城要撤县设市，对人口数量的规定是"城镇非农产业从业人员 25 万余人，其中非农业户口非农业产业从业人员 20 万余人"，此外，对域内生产总值和产业结构也都有详细的规定①。所以，行政区的层级划分，其本身就代表了这一区域有能力在多大程度上独立承担社会责任，支撑多大规模的经济活动。从这个意义上讲，无论是扩大行政区划范围还是增加行政层级的融合思路，首先，夸大了新行政区的

---

① 国务院. 国务院批转民政部关于调整设市标准报告的通知（国发〔1993〕38 号）〔R〕. 1993 – 05 – 17.

行政力量，弱化了行政区内部各成员的利益冲突。事实上这种冲突在超、特大城市中的表现十分明显，究其原因，自然是区一级政府官员作为经济人，同样存在对政治和经济利益的诉求。其次，弱化了原有行政区的独立能力。扩大的城市边界即便能让卫星城从"进入核心"这件事上获利，但也将造成卫星城对中心城市政治和经济权利的过度依赖，或中心城市对卫星城市的过多束缚，极易造成行政力量和经济资源的双重浪费。最后，这种思路以新的行政区划割裂了都市圈之间、城市群的利益联结，很容易在非城市群核心的各个都市圈之间，不同城市群之间形成新的竞争关系，资源浪费的问题虽有所缓解但仍未得到有效解决。

更进一步地，这两种方案都是希望借助行政边界的力量来调整区域内部的经济权利分配。而行政边界的最大问题，就是行政主体在主张自身利益时会造成市场效率的无谓损失。

诺思曾说："贯穿历史的人类意图与结果之间的巨大差距，反映了人类构建的用来理解人类行为的支持性框架与人类行为不断变化的'现实'之间的持续张力。"[1]

政府也有可能会失灵，也经常会好心办坏事。犯了错误会造成资源配置的扭曲，纠正错误的过程也不一定能实现最佳效果。所以，上文在提及国家在区域一体化中的作用时，使用了"启动"一词。

无论整个社会和政府对产品和要素的流动与组合存有怎样的希望和要求，最终还是要交还给市场来完成的。

---

[1] 道格拉斯·C. 诺思：《理解制度变迁过程》，北京：中国人民大学出版社 2013 年版。

第八章　一体化之辨

应当细心地观察，为的是理解；应当努力地理解，为的是行动。

——罗曼·罗兰

区域一体化是中国市场化改革的必经之路——通过大城市对周围中小城市以及农村的辐射作用，都市圈建设率先打破城市行政边界对要素配置市场化流动的限制，从而实现这一区域内的均衡发展；借助超大城市对更多城市的辐射作用，城市群建设能够在更多地区获得更大范围内的均衡。当城市群的建设完成了，我们和全国协同的距离也就很近了。

一、破解经济一体化的瓶颈

完成经济一体化不等于就完成了一体化，但没有经济一体化一定是得不到一体化的。

经济一体化程度，取决于产业链在区域内分工合作的程度，取决于要素组合重构带来的效率增加。分工合作越是能带来更高的投入产出比，城市之间的经济联系才会越紧密，关系越紧密，才越像是"一体"的。这个逻辑其实很简单。

可为什么经济一体化还是遇到了瓶颈呢？

回忆我们在第七章里讨论的问题，我们权且将中心城市作为"经济人"看待，而"经济人"的特征，就是要获得最大化的经济利益。如果让他来负责计划并推进城市群建设的全过程，想必结果不会理想。

但就目前来看，几乎所有区域一体化，无论是老牌的三大城市群，还是2015年之后开始建设的新城市群，都是基于城市之间的涓滴效应、扩散效应等基础理论，遵循中心城市主动、成员城市被动的执行模式。中心城市经济实力雄厚的，将中心城市作为规划核心，中心城市尚不具备经济中心实力的，努力为中心城市创造条件。或许地方政府的思路是，先举全区域之力共同打造出一个具有硬实力的中心城市，然后中心城市产生辐射作用，周边城市自然就会从中获益。他们相信，只要搞活中心城市的经济活动，最终会通过涓滴效应使区域内其他城市，甚至区域外的更多城市获得收益。

沿着这一建设思路，城市群的产业布局由地方政府引导着，经过两道筛选程序，最终得到了一个可能会严重背离要素优化配置原则的结果。

1. 产业布局的两道关卡

第一道筛选程序是由中心城市执行的。

作为城市群的中心城市，即使发展状况不尽如人意，总体实力也较区域内的其他城市更强、地位更重要。正因如此，区域经济一体化建设在规划制定、指标分解、任务落实的过程中，不知是由于中心城市本身强有力的谈判能力，还是出于对投入产出效率的考虑，各地、各级政府都将中心城市经济发展作为建设的重中之重，甚至将城市群和一体化建设都聚焦在中心城市身上。

基于当前的非均衡状态和既有的行政区划体制，中心城市挑选机制是不利于辐射与带动其他成员城市的。其主要原因有以下三点：

第一，中心城市经过了长时间积累，与成员之间的差距已经很明显了，继续强调其他成员的从属地位，将会使域内所有经济主体相信，中心城市始终能为大家提供比其他成员更多的机会和更好的环境，造成生产要素对中心城市发展红利的"黏性"。大家可以设身处地地想一想，如果你是一名企业家，一边是经营成本略高但科研资源充沛、投资机会丰富、劳动力质量上乘的中心城市，另一边是税收政策优惠、办公场地便宜但资源禀赋不够理想的卫星城市，你会选择哪里？

第二，中心城市在与各类经济主体互动中会硬化自身优势，由此形成对周围地区更强的号召力，并以此巩固和升级谈判能力，在后续产业布局中通过行政手段一面挑选高效率、高技术、高附加值的产业在本地形成高端产业集群，一面向其他成员"甩包袱"，最终使一体化变成城市之间的"零和博弈"，甚至是"负和博弈"。这一行为的负面影响还将扩散至城市群之外。试想，如果每个城市群的中心城市都希望凭借自己在域内的绝对优势地位，依靠成员城市兜底来发展诸如智能机械制造和生物医药这一类的热门产业，区域间趋同又将是新一轮地方分割的开端。

第三，中心城市的发展是没有尽头的，只要地方政府之间还存在 GDP 竞赛，中心城市就有进一步扩大自身利益的倾向。京津两地作为首都城市群的两大中心城市，产业相似度极高，长期处于经济对峙状态，但很多行业的整体利润率却低于全国平均水平。这其中并不仅仅是城市之间历史基础、资源结构和社会文化等多方面的趋同性在起作用。长三角作为我国一体化程度首屈一指的城市群，尚且出现了上海深水港和宁波港的资源分流，其他城市群的表现可见一斑。

第二道筛选程序由成员城市执行。

围绕着中心城市，成员城市本应依据自身特点和能力自主选择合适的产业进行对接，但受到外界因素干扰，地方政府往往不会采取这样的行动。一则，成员城市之间同样存在 GDP 竞赛，这些地区的产业发展状况可能本就不够理想，急需新的产业为地方输血；二则，地方政府之间还存在着招商竞赛，近几年招商引资企业对地方经济的贡献被越来越多观察到，招商也成了越来越多的地方政府提高经济和政治收益的手段。招到"三低三高"类产业，可能只会让他们徒增安置成本，而优质产业落户对他们来说则意味着更大幅度的经济增长和更多的就业岗位，自然会受到广泛青睐。这种筛选还会发生在疏解中心城市非核心产业的环节。由于是中心城市负责制定疏解计划，因而这些计划往往止于"将哪些产业疏解出去"，缺乏"将这些产业疏解到哪里"的考虑。一般情况下，被疏解的产业应当基于各地区的市场发育情况自行选择新的落脚点，但这个过程不可避免地要和地方政府打交道。成员城市的地方政府虽然没有足够的谈判能力向中心城市索取某一产业或企业，但在选择承接产业上却能发挥很大作用。于是，争抢新兴产业落户的现象时有发生。北京的一个卫星城市，靠近北京的几个县都把智能机器人作为地方重点培育产业，并划定区域建起了产业园，在后续招商环节也下了很大力气。最后，每个产业园里都只有一两家企业进驻，园区土地不出意料地被大面积闲置。

　　显然，这种先增肥再瘦身的行为模式既无益于区域内的产业聚集，还有可能因为成员之间的招商竞争将整个城市群拖入恶性竞争的旋涡，导致公共财政资金遭受损失。那么，中心城市向周围的扩散效应将永远不会发生，城市群的建设也将永远重复如图 8 - 1 所示的流程，最终的结果也只能与一体化目标渐行渐远。

　　究其原因，恰恰是由于我们将全部注意力都放在了中心城市建设上，忽视了区域产业布局的合理性。

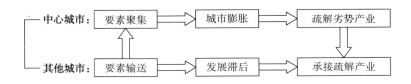

图 8 – 1　传统的一体化建设思路

2. 膨胀城市的疏解原则

许多有关区域均衡发展的研究，都会建议政府如何出台政策、出台何种政策引导和鼓励企业离开膨胀城市。按照既定规划将一部分产业疏解到其他城市，以业控人，达到区域均衡的目的。毕竟人口膨胀是城市膨胀的主要表现。这个思路似乎是可行的。这些建议有些已经在实施，效果不甚理想。比如充分发展城市与城际交通。但在实践中，越来越发达的轨道交通并没有将非核心产业从这些虚胀的中心城区疏解出去，反而缩短了城郊和卫星城市到城市中心的时间距离，使更多人到中心城区上班成为可能。一部分企业获得了比此前价格更低的劳动力来源，经营成本降低的幅度甚至能抵扣掉留在膨胀城市的交易费用。不止一位学者的研究结论都表示，高铁开通并未有效带动收缩型城市的劳动力集聚，甚至进一步拉大了区域之间的增长差距[1][2]。

有的尚未实施，也可预见到效果不会很理想。

这些建议大多主张以中心城市的政府为主体，通过规划和引导产业链上的非核心环节搬离中心城市，以此来疏解超大型城市的拥挤问题。看起来很有道理，但操作起来却不容易实现。以冰箱产业链为例，由于品牌效应的作用，冰箱作为一种消费品，其本身很容易被认为是产业链的最核心部分，但从技术角

---

[1]　余泽江，钟昌标．高铁开通对区域经济增长差距的影响——基于贸易成本的视角［J］．中国发展，2020，100（5）：76 – 86.

[2]　李彦，胡艳，杨佳欣．高铁开通对收缩型城市转型发展的影响——基于三大要素集聚的研究［J］．北京工业大学学报（社会科学版），2021，109（1）：44 – 58.

度来看，冰箱最核心、最能体现技术含量的部分却是被称作"冰箱心脏"的压缩机。那么，如果现在要将参与冰箱生产的一部分企业疏解到其他城市，政府应当选择保留生产冰箱的企业，还是生产压缩机的企业呢？我们之前假设了包括政府在内的主体都是理性经济人。所以这个答案很可能是当下纳税更多的那家企业，而非能够从城市中获得更高超额收益的那家。而且，大多数时候，政府真正能够协调的往往只有国资企业和事业单位。

在实践中，政府不仅是缺乏识别非核心产业的有效方法和兼顾各地区共同利益的有效途径，还有可能由于信息不对称的委托代理关系，导致好心办坏事的情况发生。

在 2015 年被拆除的中心城市交易市场中，就有北京著名的"动批"① 和大红门批发市场（以下简称"大红门"）。

"动批"和"大红门"曾经是北方最大的服装纺织品集散地，在最顶峰时期，这两个地区聚集了 5 万多家商户，就业人口超过 10 万人。为了确保搬迁工作顺利进行，官方还积极为商户们寻找对接商城。在迁出北京之后，有很多商户表示由于租金和人工费用比北京低，同时网络销售的普及大大降低了商铺对经营位置的要求，自己的盈利空间更大了；但在这个过程中，也有不少商户遭遇了对接商城因违规经营被关停的问题，由于商城的合法手续迟迟办不下来，这些商户不得不面临二次疏解，支付的租金和保证金等前期费用也一直没有追回。

疏解倒是疏解出去了，可是效果呢？

改革开放 40 多年的经验告诉我们，市场才是最有效的筛选机制。

当商品出现供不应求，提高价格是达成市场均衡的最简单、也是最有效率的方式。一旦经营成本上升，一部分无法获得预期收益的企业自然会选择主动

---

① 动批：全称是"北京动物园服装批发市场"，曾经是中国北方最大的服装批发集散地。

离开，留下来的企业则将支付更高的空间使用价格。

或许有人会说，在这种机制下，不得不离开的，还不是些中小企业？比如"动批"和"大红门"的那些商户，靠市场和靠政府，效果还不是一样？都是对中小企业的歧视。这话不全对。

首先，在市场机制下，被高企的成本"劝退"的应该是产业链上的低附加值环节，这其中不仅包括一部分中小企业，还包括产业链后端的大型企业。这些企业本身定价能力较弱、利润单薄，本身很难实现中心城市聚集资源的最大化利用，一旦经营成本提高，势必要迁往其他低成本地区。如果一个高新技术企业无法从中心城市中取得级差地租，这家企业在中心城市的意义何在？反之，一家原材料企业，生产的是零污染高附加值原材料，能够从中心城市获得充沛的人才资源、高新技术和产业配套，且完全符合环保要求，又愿意为其获得的级差地租支付更高的费用，它为什么不可以留下来？所以，最终留下来的，应该是此类在这座城市能够获得足够抵消成本的高附加值的核心产业链。而这正是区域一体化发展要达到的效果之一。

其次，当我们看到某个奢侈品的超高定价时，并不会觉得这是对工薪阶层的歧视，因为我们知道这种产品的销售定位本就不是工薪人士。但为什么我们在分析膨胀城市问题时会想到"歧视"这个词呢？一方面，因为我们之前在很长一段时间里，都享受着无差异且较低的城市使用成本；另一方面，我们所面对的是一种公共资源。"公地悲剧"告诉我们，对公共资源的使用是要设置门槛的。产业链上不同位置的企业在中心城市获得的超额收益不同，面临的机会成本也不相同。当中心城市为所有企业提供较低的空间使用价格时，无论是否能够从城市的规模经济效应中获取足够的收益，现有企业都不会主动离开。由于资源被低效率地占用，那些本应从城市产业聚集中获得更大收益的企业无法得到相应的城市资源，过度占用资源的企业又因为助长了大城市病反而徒增了许多经营成本；想要留在这座城市的企业要么选择忍受这种的资源配置，要么选择寻租；政府提供公共服务的支出也无法得到充分的回报，对城市资源也是一种浪费。

这是一个企业和政府双输的结果。

而价格机制调节就可以实现多方获利——留下来的企业得以更加充分地发育，主动离开的企业得到了更大的盈利空间，虚胀的中心城市得到了更高效率的资源利用，卫星城市得到了繁荣地方经济的好机会。

最后，即便是如"动批"小商户一样的个体户或者小微企业不得不忍痛搬走，也是基于他们自己的成本和收益作出的决策。他们也会根据自己的实际情况考虑经营选址问题，筛选信用良好的服务提供商。企业避免了"官方滤镜"可能带来的经济损失，政府部门也不必担心在信息不对称的前提下过分干预而损失公信力。

因此，市场的这种"歧视"态度既能够最大限度地缓解租值耗散和寻租的问题，也是中心城市空间效率最大化的必由之路。

3. 辐射作用的误区

片面聚焦中心城市的建设思路，隐含着一种对涓滴效应的误解。

为了说明问题，我们不妨先来看看在传统理论中，涓滴效应是如何发挥作用的。依据赫希曼在《经济发展战略》中的描述，发达地区会吸纳落后地区的劳动力、购买欠发达地区的商品，并向这些地区投资，同时给这些地区带去先进的思想观念、管理方式和技术生产。[①] 但这一切发生的前提是——发达地区和落后地区存在经济上的互补关系。

然而，科技进步让这个前提变得越来越不现实。

早年工业化进程带动了劳动分工的不断细化，将单个复杂劳动转化为许多

---

① 艾伯特·赫希曼. 经济发展战略［M］. 曹征海，潘照东译，北京：经济科学出版社，1991.

简单劳动，再将这些简单劳动岗位释放到社会上。随着近几年大数据和人工智能向各个行业渗透，这些简单劳动岗位甚至是更复杂的劳动技能都在被科技的社会化应用不断蚕食，工业领域对劳动力的需求尤其是对简单劳动的需求量呈现出断崖式下降，加之落后地区在这些年里不断向外被动释放各个层次的劳动力，它们的人均 GDP 早已没有了继续上升的空间。

关于赫希曼所说的第二点，资本都是逐利的。没有区位优势，没有技术优势，发达地区的资本是不会主动流向这种回报率注定欠佳的地区。在很长一段时间里，欠发达地区招商引资要靠"送地"才能完成计划指标，招来的大部分都是环境成本极高的企业。这种情况下，发达地区会向落后地区购买哪些商品呢？恐怕只有农产品和初级工业品。这类产品有一个共同的特点，就是产业附加值极低。即便是这样，有朝一日新一轮技术革命改变了初级产品的生产模式，落后地区还会被需要吗？

我们需要明白，与改革初期的情形不同，时至今日，资源稀缺性已经表现得十分明显，我们早已没有那么大的试错空间，而是迫切需要通过一体化再分配来增加要素收益。城市群中的每个成员，不应当是依附于中心城市，而应当是依附于城市群整体。中心城市与成员城市之间，尽管对一体化的贡献存在差异，但城市之间是平等的。依靠在各个成员之间实行垂直分工来提高一体化程度已经被验证是不可持续的。所以，我们不仅需要打造中心城市的全球城市功能，也需要其他成员能具有相对独立的国际竞争实力，以此达到"1+1＞2"甚至"1′＞1"的效果。不仅城市之间是平等的，产业之间也是平等的。各地方政府在发展地方产业时也不必都将眼光投向新兴产业，传统产业不等于落后产业，通过引导企业技术改造与升级来增加原有产业附加值，以存量带增量形成独特的竞争实力，未尝不是一条更好走的路。

所以，在现阶段以及未来的经济一体化建设中，一定要在增强中心城市经济实力的同时，警惕政策红利强化中心城市虹吸效应的现象发生；构建中心城市和其他成员之间的经济联系时，也要努力引导其他成员形成良性的互补关系。

无论是将政策和资源向中心城市倾斜之前，还是主张将非核心产业疏解出中心城市，我们的政府都应当先提一个问题——这样做是仅仅惠及了中心城市个体，还是有益于提高区域内稀缺要素配置效率？

二、交通一体化的效率之失

基础设施是为社会经济活动提供公共服务的工程设施，是任何主体经济活动赖以生存的必要条件。在这里，我们暂且肤浅地将其视作一体化的物质基础。作为生产过程的中间投入，经济主体在任何基础设施①上的投入下降，都会带来净产出的提高。尤其是在交通方面，这也是我们平日里说的基础建设中占比最大的一项。

1. 城市群为什么需要交通一体化

在一体化对基础设施建设的诸多要求中，交通成本是绕不过去的问题之一。其一，作为不产生任何价值的环节，交通成本越低，企业最终获得的净产出就越高；这也是为什么企业在对仓库选址时，既要求仓库的建设或租用费用不能太贵，还要确保运输支出不能太高。其二，物流环节本身就是对资金的一种占用，物流时间越短，货物周转越快，资本流通速度也就越快；资本流通速

---

① 基础设施包含的内容很多，我们平时所说的交通、通信、水电煤气、防洪、照明等，叫作"物理性基础设施"（physical infrastructure）。这也是本小节与下一小节重点关注的主要内容。

度一旦提高，相同的资金量就可以吸纳更多劳动力、生产更多产品，从而使资金利用率得到提高。其三，交通网络的发达程度不仅决定了物流质量的高低，还关系到劳动力的沟通成本：一方面，面对面的沟通是最有效率的，另一方面，相邻地区的经济主体基于对文化和社会环境的了解和共识，在沟通时也会省去很多解释时间。另外，对劳动力而言，哪怕是仅从提高工作效率的角度出发，通勤成本也是必须要考虑的重要因素。毕竟，在地铁里挤 2 个小时到单位，和步行 10 分钟进公司，人体所感知的疲惫程度是不一样的。还没开始工作就已经筋疲力尽，这无论如何不能算作是高效的工作状态。

降低交通成本，不管从哪个角度来讲，都是对要素配置效率的改善。

所以，如果剔除掉级差地租的影响，相互依存的经济主体之间的空间距离越短越好；而且，依存度越高，主体之间的空间距离就越短。我们在生活中看到的，同一家企业的各个部门，往往都会在同一栋写字楼里；同样的生产原料，企业往往会选择距离自己最近的供货商，都这个道理。

2. 交通一体化中的"软硬兼顾"

产业聚集要求城市群的各个成员之间强化对彼此的依存度，这就需要从交通上缩短联系时间、降低沟通成本，为城市聚集提供便利条件。就拿目前疏解聚集超大型城市拥堵的举措来说，城市拥堵造成了经济活动的交易费用攀升，所以政府想要引导一部分产业和人口从这些城市迁到城市群的其他地区，但如果交通成本一直居高不下，那么交易费用高的问题就还是得不到解决，没有企业愿意割断与经济中心的联系，这无疑意味着主动放弃中心城市的制度红利。企业不肯搬到距离中心城市更远的地方，疏解效果必然不会理想①。

---

① 2015 年之后的一些研究表明，城际交通效率的提高加速了周边地区的人口向中心城市聚集，加剧了周边地区的人口流失。的确，随着交通便利性越来越强，跨地区上班族越来越多，但这不能算作交通效率对一体化的负面影响，反而从另一个侧面印证了交通一体化的重要性。

为了改善超大型城市的交通拥堵和交易费用攀升，也为了防止此类问题在新兴的城市群中再次出现，"十三五"以来，交通基础设施建设的确越来越完备，高速路网越来越发达，城际交通时间越来越短。截至2020年底，我国高速铁路已覆盖了近95%的百万以上人口城市①。越来越多的人加入到跨城上班族的队伍当中。

可还是有很多企业，并不属于城市群中心城市的重点产业，几乎享受不到任何制度红利，仍然不愿意迁出去，哪怕只是迁到不远的卫星城市。还是有很多人，重复着"取经"一般的日常通勤，仍然有人宁愿在内环高架上被"堵哭"。还有中心城市的拥堵指数仍在上升，有新的中心城市加入到"堵城"的行列②。

为什么？因为只有硬件的一体化，还不能算作是交通一体化的全部内容。

在几乎所有有关交通一体化的文献中，对区域交通一体化特征的概括，都涵盖了这样两点：一是形成安全高效的综合交通运输网络体系；二是区域内要素流动更加便捷，运输效率显著提高。

"交通一体化的核心目标，是要解决城市的交通问题"，虽然这句话看上去毫无意义，可就我们当前的建设情况来看，目标实现了吗？这就要看我们如何理解交通一体化特征中的"高效"和"便捷"。

对"高效"和"便捷"这两个词最简单地理解当然是"快"。可得到了交通工具就一定能得到"快"的结果吗？显然是不一定的。就以人们的日常出行为例，对于跨越省一级行政边界的交通一体化而言，"快"需要由三个阶段的交通行为合力完成：从出发地城市快速到达交通枢纽，乘坐交通工具快速到达目的地城市，再从交通枢纽快速到达最终目的地。

---

① 刘志强、陆娅楠、赵展慧：《交通运输体系不断完善、服务质量持续提高——出行越来越舒适便捷》，《人民日报》，2021年2月14日。

② 2015～2020年高德地图每个季度发布的《中国主要城市交通分析报告》。

最起码的要求就是，跨城交通工具要有很快的行驶速度。一般来说，跨城市交通比市内交通的难度要大很多，一旦突破了跨城市交通的基础建设障碍，城市之间的距离就会被大大缩短。经过多年的基础设施建设，在"硬件"上，高速公路和铁路网络已经超标准实现了对"高效"的要求；只是在"软件"上，无论是运营时段和发车频率，对城际出行造成的限制都要明显高于市内出行，因而在出行效果上，二者也无法相比。就拿京津冀来说，北京和天津之间的城际铁路和车次很多，间隔时间较短，尤其是在早晚通勤高峰期，基本能够满足跨城出行要求；反观北京与廊坊之间、天津与廊坊之间的对开车次明显少很多，早晚高峰时段车次就更少了。而且，依托高铁的城际交通有两个不能回避的问题——节假日前后的购票和临时故障的晚点。

　　接下来，两个城市的内部交通也要提供顺畅的通行体验。这对处于一体化建设初期的城市群来讲，是存在一定难度的。由于不同城市所处的发展阶段和发展水平不同，能够提供的公共交通服务水平必然参差不齐，公共交通的路况和运营时间也不可能完全一致。这就造成了区域内出行干线很快、两端很慢的结果，也是导致跨城出行体验落差的又一重要原因。也许你在出发地只用了15分钟就到了高铁站，又坐了20分钟火车到达目的地城市，接下来却不得不在公交站花20分钟来等车，你一定不会觉得这次出行足够"高效"。再或许你在中心城市即使加班到夜里10点，还可以坐地铁回家，而在其他城市却发现晚上7点半以后公交车已经停运了，你一定不会认为后者的交通是"便捷"的。乘坐出租车能不能算得上是一个替代方案呢？那要看你在出发地市内出行是否也会选择相同的方案了。

　　最后，交通工具之间的接驳环节也要足够顺畅。这一点主要针对的是同一个都市圈的各个城市。接驳环节越顺畅，交通设施在缩短交通时间上发挥的作用就越大。不过，即使身处同一个都市圈，彼此相邻的城市之间，服务标识、公交票证、交通管理标准往往也不相同。由此导致的不同交通工具接驳难，是形成车上很快、车下很慢的"公共交通洼地"的直接原因。最典型的例子就是不能互刷的公交卡。早期城际通勤的人们身上大多揣着两张公交卡，一张家门口的，一张工作地的，两张公交卡都只能在办卡地使用，也只能在使用地充值。如果去区域内的其他城市出差，乘公交车还要另备零钱。好在自 2019 年以来，各城市群相继推出的互联互通卡解决了这个问题。另一个尚待解决的问题与交通工具换乘有关。我们在市内乘坐地铁时，无论换乘多少次，只需要接受一次安全检查即可，而在跨城市通勤的人们，前后要经历三次进出站，至少需要接受两次检查——一次在地铁站，一次在火车站。

最终的结果是，更多跨城市上班族选择自驾车通勤。跨城市通行途中的身份查验和高速公路收费站，让名义上的一小时的车程在实际中可能要花上一个半小时。于是，这些人堵在了早晚高峰的高速公路上。

可见，尽管我们已经搭建起如此完善的路网系统，距离交通一体化仍有很长的路要走。而且这还只是城市之间的交通系统，当我们将视线延伸至城乡交通，那里呈现出的问题会更多。

只是，这些问题要如何解决呢？最好的办法就是像在同一座城市一样，将区域内，尤其是都市圈内的交通网络重新规划，制定和执行相同的管理标准，以及相同的市内、城际、城乡公共交通营运方案①。

同样地，城市之间、城乡之间在供水、供电等基础设施方面也都应当达到统一标准，明显的差距，都会令企业选址时犹豫不决，甚至干脆拒绝离开发达城市。

---

① 关于"统一市内公共交通运营"这一点，在最初阶段，基于对成本的考虑，卫星城市或许不需要严格执行中心城市的运营标准，但至少差距不应该太大，而且随着时间的推移，这个差距应该越来越小，最终消失。

三、信息一体化的充分共享

另一个对城市群建设影响重大的基础建设，是信息一体化①。信息在现代社会对任何经济活动的影响都是毋庸置疑的。获取信息的途径越发达，越有可能在给定要素组合的情况下提高投入产出比。地区之间由获取信息能力上的差距所导致的信息不对称和知识阻断，在不同的行政区划之间形成了深深的信息鸿沟，这也是部分企业不愿意在远离中心城市的地区落地的重要原因之一。

在对发达城市的各种形容词中，有一个词是"消息灵通"。如果区域内所有地区都能够做到像发达城市一样的"消息灵通"，信息一体化的目标就实现了。

与交通一体化相类似，城市群的信息一体化建设也不只是电话线、有线电视和光纤入户，更多的是对包括财政、金融和地方政务等多种信息在内的公共信息的共建共享。

就目前的情况，如果我们将讨论范围限制在城市，当前的信息网络硬件本身已足够发达。任何人都可以通过电脑、手机随时获取网络上的公开信息。实现区域内信息设施的合理布局、充分供给，这是各个经济主体之间的互联互通的硬件基础。

以此为前提，区域内的信息充分共享，是继交通一体化之后降低沟通成本

---

① 信息一体化的概念有广义和狭义之分。广义的概念涵盖了信息资源的充分共享、信息政策的规范一致、信息产业的有序竞争、信息投资的互为融通、信息技术的相互渗透和信息人才的自由流动（方维慰．长三角信息一体化的理念与实践［A］//林昌建等．2011年走向世界级城市群的长三角［M］．北京：社会科学文献出版社，2011）。狭义的概念只关注信息传输行为本身，包括信息资源的充分共享和信息政策的规范一致。

的另一核心内容。实现共享，至少要有快速稳定的发布渠道和畅通的反馈机制。信息的传输途径越长，信息失真的程度就越大；信息的传输时间越长，信息的价值量就越低。早期政府信息化建设基本是以部门为单位，在此后的政务改革中，很多城市陆续在本地部门之间开始共享信息管理系统数据，但各级政府之间、城市之间的连接通道并没有打通。就拿政务信息来说，如果一条关于申请创业补贴的政策，从发布出来要经过各级政府部门的层层转发才能被申请者看到，可能留给他写申请报告的时间就不够充沛了。而信息共享并不只是包括政务信息。在信息时代，"酒香也怕巷子深"，给区域内经济主体建立一个发布信息的平台，至少能带来三个好处：一是降低经济活动搜索成本；二是增强域内企业之间的"黏性"；三是增加与域外的经济信息传递。

信息政策的规范一致，是区域内的信息充分共享。标准化建设涵盖了信息技术标准化、信息传输与对接标准化，以及信息发布标准化，是信息一体化跨越行政区划的最后一关，也是最关键的环节。执行统一标准的好处当然很多，从成本控制角度来看，至少也有四个好处：一是提高系统兼容度，降低维护成本；二是提高经济主体与信息的匹配程度，降低信息筛选成本；三是提高关键信息辨识度，降低后续数据挖掘的成本；四是降低相同信息的重复发布概率，避免造成空间浪费。

四、经济一体化的社会基础

与物理性基础设施相对应的，是"社会性基础设施"（Social Infrastructure）。教育、医疗、科技、文化、体育等，这些被我们平时称作"公共服务"的内容，都属于社会性基础设施范畴。

1. 如何评价公共服务一体化

公共服务一体化并不要求在所有地区的所有公共服务项目水平达到一致。要知道，公共服务差距的绝对消除只有在理论上讲是可能实现的，但是前提条件十分严苛。公共服务的来源是地方财政支出，只有地区间经济水平不存在差距，且财政支出比例和构成完全相同，公共服务水平才不会有差别。不过，在具体操作中，地方政府基于对地方实际需求和回报率的考虑，对各个项目的投入数量和建设内容必然存在差距。所以，即使是相同的财政支出数量和结构，甚至城市群统一制定规划，得到的结果也不尽相同。在这一点上，可以参考同一城市里不同区的表现，它们的公共服务水平也都存在差距。所以，公共服务一体化，不应当要求所有地区的公共服务完全同质化、均等化。一个非中心城市没有能够同时容纳 5000 名观众的剧院、一个县级医院没有开设牙齿整形外科，都不能作为否定这个区域一体化程度高的理由。

真正衡量公共服务一体化的，是在基础服务方面，尤其是民生项目上，能否以相同的成本获得同质的公共服务。比如，不同城市的居民小区，能够提供同等水平的健身器材和文娱场所；又如，在南通上学是否能享受与上海学生同样的教学质量，在承德工作是否能享受北京的医疗条件。

2. 公共服务一体化的逐级推进

城市群建设的一个重要目标，就是要在区域内实现公共服务一体化。鉴于地区间公共服务资源的差距很大，由此造成的一体化难度也很高。因此，公共服务一体化必然要分阶段实施。

初级阶段：缩小公共服务差距。技术进步使公共服务分享变得更容易。在诸多公共服务项目当中，备受社会关注的就是教育和医疗，这是直接关系到居民生活质量的两大重要因素，也是由于资源分布失衡饱受争议的两个领域。借助互联网公开课和远程问诊等手段，教育和医疗在地区之间的差距得以缩小。公共资源分享强调的是发达地区对外分享优质资源。不过，中心城市向外分享的优质资源，不应当仅是服务内容这么简单。比内容更重要的，是产出内容的过程。换言之，教育一体化建设也不仅仅是通过现代化手段将高质量的教育内容从中心城市共享到其他成员地区，还要实现优秀教育理念、方法和要求的区域内共享。与远程和偶然的内容共享相比，后一种方法的效果更理想，也更长远。共享医疗的道理也是一样。

中级阶段：基础设施标准统一。这是提供服务的依托，也是影响服务对象体验的关键因素之一。具体到实践中，设施数量可以根据不同地区的具体情况有所增加，也不一定非要各地联合采购或购买指定品牌，但设施质量应当是相同的。比如学校的教学设施、居民小区的器材配备、同级别医院的医疗设备。

高级阶段：公共服务无障碍共享。公共服务共享是双向的，既包括中心城市向外分享服务，也包括成员城市对中心城市开放公共服务。比如苏州的读者能在当地借到上海图书馆的藏书；上海的读者也可以在家门口向苏州图书馆借书。尽管中心城市的公共资源质量在很长一段时间会优于其他地区，但也不应当认为所谓共享就是中心城市对外分享的程度更大。我们不妨做一下换位思考，如果我们从广州到东莞去出差，觉得不舒服，想到药店买药，却被告知广州的医保卡无法在东莞直接买药，需要到医院先挂号看了医生，再按照医生开具的药方去取药，然后通过异地就医的报销流程报销医药费，想必只是听完这个过程，我们的心情恐怕比身体要更不舒服了。不仅如此，其他地区对中心城市开放公共服务，既是对区域内公共资源的充分利用，也有助于疏解中心城市的公共资源拥挤现象，对于那些住在城市交界的居民更是如此。

最终，公共服务一体化的效果可能是这样的——不同地区的公共服务都能够达到一个较高的水平，在满足本地居民基本需求方面，彼此之间差距很小，并在不同领域保持自己的特色和专长；对于少数高精领域的需求，也能够在其他地区以相同的成本享受与当地居民相同的服务水平。

在不远的将来，数据挖掘和人工智能或许将取代更多人的岗位，比如医院里的"老专家"。到那时，公共服务的差距会变得更小，公共服务一体化的水平将会更高。

这一阶段划分契合了区域一体化本身的建设过程，倒也符合"一部分先富、先富带后富、最终共同富裕"的改革思路。

当然，城市群建设绝不仅仅包含经济和基础建设方面的一体化。只是这两个内容作为一体化的主要组成部分，最能体现出城市群的建设效果。

说到建设效果，我们在上文中一直没有讨论过一体化的标准，即在怎样的前提下，我们就可以判定一体化已经达成。这似乎并不符合传统的研究模式。没有具体标准，又该如何评价建设效果呢？

如果要量化地去评价一体化的程度高低，需要考量的因素实在太多，诸如基础设施投放量、工作人员人数此类的指标也很多，设计的体系也足够复杂，而且会随着城市群建设进度做相应的调整。但这个标准也可以很简单，概括起来就是——要像一个城市、一个区，甚至一家企业那样，成为一个既密切相连又相对独立的整体。

第九章　破局

世间事不塞不流，不止不行，不破不立。

——桐华

在讨论了区域一体化进程中的困惑、误区和瓶颈之后，现在该用更具实质性内容来描述一体化建设的整体逻辑了。

所有的经济与社会建设，其实施者是人，最终也要服务于人。人在经济行为中，不仅是以劳动要素的身份存在，也是劳动果实的所有者。因此，区域发展的规划着眼点，应当是人。

一、可持续经济增长、要素配置优化与城市群

根据生产理论，生产总值的大小取决于资本、劳动、技术和自然资源等多种生产要素的投入情况。能够带来经济增长的途径主要包括增加要素投入和优化要素配置。其中，优化要素配置在宏观层面可以通过技术进步改变原有要素

组合（如发明可再生资源性材料替代传统材料）和要素在更大范围内的再配置（如通过人口流动改善劳动力结构）来完成，如在微观层面还可以通过企业内部的管理水平（如采用精细化管理方法）提高来实现。

早期经济建设中采用的粗放型发展模式是以依靠不断追加生产要素、扩大生产规模来达到经济增长的目的。但这种增长方式从长期来看是不可持续的，一方面源自生产要素的稀缺性，有限的资源很难支撑长期的生产消耗，一旦资源枯竭，经济增长就会停止；另一方面源自生产结果的供需结构性矛盾，供给过剩与有效需求不足会造成产出无法有效转化为经济收入，增长同样会停滞。导致经济长期处于粗放型增长的原因中，除了生产力水平较低等不可避免因素，还包括许多可避免因素，地方分割就是其中最重要的一项——产品生产环节的地方分割同时加剧了生产要素投入浪费和产出成果供给过剩，技术进步在产品流通环节对市场分割的突破又加速了有效需求不足的显现，供需结构性矛盾日渐加剧；要素市场的地方分割阻碍了生产要素的自由流动，使要素的跨地区配置难度加大，供需矛盾难以缓解。无论是微观层面的企业管理水平提高还是技术进步，都无法从根本上消除，甚至有效地缓解由地方分割造成的供需结构性矛盾。

集约型增长模式依靠生产要素的优化配置来提高要素使用效率。而集约型增长的前提是要素的自由流动。市场化改革的不断深入提高了资本和劳动力流动的自由程度，但要素再配置的行政壁垒始终没有消除，造成了对资源的双重浪费——地方分割加剧了地区之间的发展差距，也加剧了资本回报率的差距，一方面提高了发达地区对资本的黏性和高昂的交易成本，另一方面降低了欠发达地区资本投入实现规模经济的可能；地方分割扩大了地区之间劳动收入和社会福利的差距，一方面加速了劳动力向发达地区聚集中人力资本的贬值，另一方面造成了人力资本被动性流动的无谓损失。

消除行政壁垒是完成发展模式转变、推动要素配置优化的唯一办法。鉴于短期内完全消除行政壁垒极易造成更大的社会矛盾，相比之下，有阶段、有步骤地开放地方市场的方式，即先在城市群层面上实现产品和要素市场一体化更为合适。

二、城市群、都市圈和区域一体化

城市群和都市圈都是区域一体化的建设结果——都市圈是中心城市与周围地区一体化的结果，城市群是域内所有都市圈一体化的结果。城市群体由中心城市和成员城市共同构成——每个都市圈都有一个中心城市（以下简称"小中心"），每个城市群至少有一个中心城市（以下简称"大中心"）。大中心一定是某个或某几个都市圈的小中心，反之则不然。城市群大中心所处的都市圈往往是城市群的核心都市圈。

一体化建设的模式有两种：一种是中心城市绝对优势型，即简单的"$1+1>2$"模式；另一种是成员城市比较优势型，即"$A \times B > Max（A，B）$"模式。

在第一种模式下，中心城市聚集附加值高的核心产业或产业链，低附加值产业分布在成员城市，二者之间按垂直合作模式分工，区域产业优势绝大部分来自中心城市的核心产业，成员城市在很大程度上依附于中心城市，后者对前者的依赖主要源自区位因素带来的成本优势（其中最主要的就是短距离运输的物流成本优势和获得低价格劳动力的资源优势）。一旦技术进步等因素使域外相同产业的成本低于域内，这种优势就会消失。因此，这种关系是以中心城市为强主导、成员作为配合的单方向关系，最终建设结果为单中心城市群。

在第二种模式下，城市群中心和其他成员都有高附加值产业，二者之间按水平合作模式分工，区域产业优势由域内全部成员提供，成员彼此之间提供的产品具有域外相同产业无法超越的竞争优势。即使中心城市的贡献更大，其与成员城市之间的差距也不足以导致人均意义上的显著发展差距，即二者的生活水平相差不大。二者之间的依存关系不仅源自区位因素，还在很大程度上源自产业附加值所形成的天然壁垒。因此，这种关系是中心为弱主导、成员之间相互依赖的双向互动关系，这种城市群最终的发展结果将是多中心城市群。

相比之下，第二种合作模式能够形成更为稳定的合作关系，强化区域产业链的天然壁垒，并缩小城市之间的发展差距。

进一步地，无论是技术进步还是经济增长都无法实现在全部地区、全部产业的均匀渗透，扩散效应在本就存在发展差距的地区之间变得极不显著。如果在城市群建设中选择垂直合作，会产生都市圈对核心都市圈，即城市群大中心的强依附，和城市群大中心对都市圈的弱依附，这种关系是单方向的，极易使整个城市群陷入城市群大中心的虹吸作用。反之，如果在城市群建设中选择水平合作，包括核心都市圈在内，各都市圈之间提供的产业优势，即使是成本优势，如果始终无法被区域外地区所替代，城市群内部就不会表现出明显的非均衡状态。在这种前提下，核心都市圈优于其他成员的情况将最有可能来自更多的要素投入（如更长的工作时间），而非更高的要素质量和更合理的要素配置。

因此，较为理想的城市群状态是：每个都市圈都至少存在一条完整的产业链，都市圈内各地区之间依靠产业链结成紧密的经济关系，这种关系可以是垂直合作，附加值高的核心产业环节位于都市圈的中心城市，周边地区为中心城市提供生产资料和劳动力资源，其中生产资料的附加值不一定很高；城市群中各都市圈依靠各自产业链提供的最终产品形成经济关系，这种关系应当是水平的；每个都市圈提供的产业附加值相差不大，即使最核心环节位于中心城市。

三、区域一体化、要素配置优化与制度变迁

制度变迁并不总是沿着帕累托改进的路径向前推进，也就是说，不是所有制度变迁都会达到"A×B＞Max（A，B）"的效果。由于制度变迁结果反映的是群体中力量最强那部分人，即主导者的意愿，制度变迁在很多情况下都表现为卡尔多改进，即依靠单向关系达到"1＋1＞2"的效果。

区域一体化，是一场在区域范围内进行的自上而下的市场化改革，也就是一次围绕产品和要素配置展开的制度变迁，其经济目的是通过产品和要素的区域内自由流动，实现长期可持续的配置优化。

如果区域一体化的主体只包含中心城市和成员城市，在区域内差距明显的前提下，中心城市的力量最强，中心城市作为经济人，将通过强政治和经济实力在区域内按照有利于自身发展的思路重新分配生产要素，很容易使高附加值产业、优质生产要素和最合理的要素结构都聚集在中心城市，强化中心的主导地位，从而强化中心城市和成员城市之间的单向关系。因此，这一建设思路并非完全不会带来配置优化，在短期内，由于中心城市的要素回报率本就高于其他成员，生产要素的重新配置一方面能实现中心城市的产出增量，另一方面更多生产要素被分配到成员地区。成员地区被动接受制度安排的结果，有可能因承接成本很高却无法得到相应财税和就业回报而造成利益损失；也有可能收获因要素数量增加带来的产出增量。从长期来看，这两种结果对于成员地区都是不可持续的。中心城市和核心都市圈的绝对优势对资本和劳动力将产生极强的吸引力，使其他成员无法获得令自身资源配置得以优化的条件，为核心地区提供支持的力度和持久度均有限；而核心都市圈的"一家独大"所产生的虹吸

作用不会得到缓解。生产要素基于投入产出比对流动方案进行对比之后，往往仍会选择中心城市，并使用各种方法留在中心城市。企业"用脚投票"的结果就是，膨胀城市问题不会从根本上得以解决。

如果区域一体化的主体包含中心城市和成员城市，以及更高一级行政力量，则后者会在权衡各种建设方案之后，选择实施最有利于产出效率的一项。按照区域总体利益最大化的原则，更高一级行政力量会在观察到单向模式的不可持续之后，在区域内部对要素配置进行重新规划，规划的依据是生产要素回报率最大化，能够最大限度地避免中心城市主导给其他成员带来净损失。

鉴于资本、技术和劳动力三者之间的关系，优化要素配置的关键在于劳动力要素配置优化。优化劳动力配置的思路应当与优化其他要素的思路相一致——实现劳动要素回报率最大化。

四、区域一体化与人的诉求

劳动力的群体划分方式有很多种，被广为接受的是按所提供产品的类型划分，其劳动收入也根据产品附加值的高低而不同。一般认为，受教育程度越高，其所提供的劳动成果附加值也就越高，所以在通常情况下，复杂脑力劳动力的收入普遍高于简单体力劳动力；在复杂脑力劳动力中，创造型劳动力的收入又普遍高于应用型劳动力。

由于生产行为需要通过不同领域、不同职能的劳动力相互配合才能完成，即劳动力之间存在相互配合的关系。因此，劳动力要素的优化配置，不仅包括聚集高端劳动力，还包括各种劳动力之间的比例关系合理化。不合乎比例的高端劳动力聚集不仅会造成这一人群人力资本的浪费，扭曲的劳动力结构还将带来货币资本的浪费，同时降低技术进步的速度，进而导致要素组合的整体性浪费。只有合理的劳动力比例关系才不会造成劳动资源的无谓损失。

因此，收入或受教育程度既不能作为优化劳动要素配置的依据，也不能作为城市接纳或拒绝劳动力流入的理由。

而且，这一理由的作用效果也不理想。

这是因为，人作为劳动力，其与其他生产要素流动的逻辑是一致的——从相对价格低的地区流向相对价格高的地区。不同的是，人对相对价格高低的理解更丰富，包含的内容十分广泛。

劳动力供给在短期内的相对价格较高，不仅缘于当前劳动力市场的供给缺口，也体现了劳动力对长期相对价格走势的判断。劳动力对劳动回报的诉求最终将体现为其对长期生活水平的要求。因此，高收入提供的基本生活保障、社会公共服务提供的生活质量增值保障、满意的工作岗位所提供的情绪价值等，共同构成了劳动力的相对价格。在工资收入和就业岗位相同的情况下，劳动力将更有意愿去公共服务水平更高的地区。

越是经济发达的地区，优质企业越多、企业经营效益越好、社会公共服务投入越大。所以，发达地区在平均意义上能提供的就业岗位质量、工资性收入和社会生活环境都优于欠发达地区，能够提供的劳动力相对价格更高，因此劳动力流入的意愿越强，反之劳动力的流出意愿越强。

也就是说，要想让劳动力主动去人力资本投入产出比最大的地方，就需要提供让劳动力满意的相对价格。更进一步地，要想实现区域内劳动力要素优化配置，需要区域内的劳动力有意愿去到人力资本回报率最大的地方。

就相对价格的构成而言，工资收入和就业岗位本身来源于市场，因此，政府通过行政力量配置劳动力的效果并不会好于市场配置；社会公共服务来源于政府，因此，行政力量应当致力于为劳动力提供更加公平的公共服务，以此降低非市场因素造成的相对价格差距。

最后，从以人为本的角度上讲，区域一体化不等同于区域经济一体化。区域经济一体化的落脚点是经济活动，基础建设一体化是为经济一体化进行配套，并通过提供令劳动力满意的相对价格引导劳动力资源充分流动，进而提高资源效率，降低在区域内经济活动中支付的无谓损失；区域一体化的落脚点是人，经济一体化的目的是为了提供更好的经济建设成果，基础建设一体化则是为了确保区域内居民能够共享经济建设的成果。前者的建设思路是：基础建设→劳动力要素→经济目标，在执行中容易忽略人的主观能动性；后者的建设思路是：经济目标→基础建设→人，始终围绕人的诉求。不过，从建设效果来看，在充分市场化的社会里，区域一体化与区域经济一体化又是相同的。

参考文献

［1］埃比尼泽·霍华德．明日的田园城市［M］．北京：商务印书馆，2009.

［2］白重恩，钱震杰．我国资本收入份额影响因素及变化原因分析——基于省际面板数据的研究［J］．清华大学学报（哲学社会科学版），2009（4）：137－147.

［3］白重恩，谢长泰，钱颖一．中国的资本回报率［J］．比较，2007（28）：1－22.

［4］北京大学中国经济研究中心"城市劳动力市场"课题组．上海：城市职工与农村民工的分层与融合［J］．改革，1998（4）：99－110.

［5］北京大学中国经济研究中心"城市劳动力市场"课题组．南京：福利惯性下的劳动力市场［J］．改革，1999（4）：85－92.

［6］北京建设史书编辑委员会．建国以来的北京城市建设资料．第一卷．城市规划［M］．北京建设史书编辑委员会编辑部，1987.

［7］蔡昉，都阳，王美艳．户籍制度与劳动力市场保护［J］．经济研究，2001（12）：41－49.

［8］蔡昉．中国人口流动方式与途径（1990～1999年）［M］．北京：社

会科学文献出版社，2001.

［9］蔡昉 . 中国流动人口问题［M］. 郑州：河南人民出版社，2007.

［10］蔡昉 . 未来的人口红利——中国经济增长源泉的开拓［J］. 中国人口科学，2009（1）：4 – 12 + 113.

［11］蔡昉 . 人口转变、人口红利与刘易斯转折点［J］. 经济研究，2010（4）：4 – 13.

［12］蔡昉 . 经济学如何迎接新技术革命？［J］. 劳动经济研究，2019，33（2）：4 – 21.

［13］曹清峰 . 房价上涨对人力资本流动影响的实证研究［J］. 产业创新研究，2017（2）：35 – 40.

［14］陈斌进 . 经济恐龙：走向21世纪的跨国公司［M］. 北京：时事出版社，1995.

［15］陈友华 . 人口红利与中国的经济增长［J］. 江苏行政学院学报，2008（4）：58 – 63.

［16］道格拉斯·C. 诺思 . 理解制度变迁过程［M］. 北京：中国人民大学出版社，2013.

［17］邓曲恒 . 城镇居民与流动人口的收入差异——基于 Oaxaca – Blinder 和 Quantile 方法的分解［J］. 中国人口科学，2007（2）：8 – 16.

［18］董志凯，吴江 . 新中国工业的奠基石——156 项建设研究（1950 – 2000）［M］. 广州：广东经济出版社，2004.

［19］樊纲 . 既要扩大"分子"也要缩小"分母"——关于在要素流动中缩小"人均收入"差距的思考［J］. 中国投资与建设，1995（6）：16 – 18.

［20］冯虹，赵一凡，艾小青 . 中国超大城市新生代农民工婚姻状况及其影响因素分析——基于2015年全国流动人口动态监测调查数据［J］. 北京联合大学学报（人文社会科学版），2017，15（1）：57 – 63.

[21] 富田和晓，藤井正．新版图说大都市圈［M］．王雷译．北京：中国建筑工业出版社，2015.

[22] 龚六堂，邹恒甫．政府公共开支的增长和波动对经济增长的影响［J］．经济学动态，2001（9）：58－63.

[23] 龚六堂，谢丹阳．我国省份之间的要素流动和边际生产率的差异分析［J］．经济研究，2004，39（1）：45－53.

[24] 郭继．上海与长三角一体化发展历史回顾［J］．党政论坛，2018，405（12）：12－15.

[25] 韩民春，冯钟．房价上涨对人口城市化的影响——基于房价收入比门槛效应的分析［J］．城市问题，2017（5）：98－103.

[26] 赫希曼．经济发展战略［M］．曹征海，潘照东译．北京：经济科学出版社，1991.

[27] 胡鞍钢．中国：走向区域协调发展［J］．经济前沿，2007（2）：4－9.

[28] 黄瑞芹，张广科．中国城镇本地与外来人口职业排斥的性别比较［J］．世界经济文汇，2007（5）：19－29.

[29] 黄少安．制度变迁主体角色转换假说及其对中国制度变革的解释——兼评杨瑞龙的"中间扩散型假说"和"三阶段论"［J］．经济研究，1999（1）：68－74＋81.

[30] 黄少安．中国经济制度变迁的事实对"制度变迁主体角色转换假说"的证实［J］．浙江社会科学，1999（1）：14－22.

[31] 黄少安．关于制度变迁的三个假说及其验证［J］．中国社会科学，2000（4）：37－49.

[32] 黄少安．产权经济学导论［M］．北京：经济科学出版社，2004.

[33] 黄少安，赵建．转轨失衡与经济的短期和长期增长：一个寻租模型

［J］. 经济研究，2009，44（12）：80－92.

［34］杰里米·里夫金. 零边际成本社会［M］. 北京：中信出版社，2014.

［35］李彦，胡艳，杨佳欣. 高铁开通对收缩型城市转型发展的影响——基于三大要素集聚的研究［J］. 北京工业大学学报（社会科学版），2021，109（1）：44－58.

［36］李银珩，李硕珩. 婴儿潮与人口高龄化对美国经济的影响［J］. 人口学刊，2006（2）：43－47.

［37］梁文泉. 不安居，则不消费：为什么排斥外来人口不利于提高本地人口的收入？［J］. 管理世界，2018，34（1）：78－87.

［38］林达尔. 货币和资本理论的研究［M］. 陈振骅等译. 北京：商务印书馆，1963.

［39］林吕建，杨建华，吴先满等. 2011 年走向世界级城市群的长三角［M］. 北京：社会科学文献出版社，2011.

［40］刘诗白. 推进我国科技进步体制和机制创新［J］. 经济学家，2006，1（1）：5－11.

［41］刘诗白. 不断推进和深化经济体制改革［J］. 经济学家，2019（1）：5－6.

［42］陆铭. 大国大城：当代中国的统一、发展与平衡［M］. 上海：上海人民出版社，2016.

［43］迈克尔·波特. 国家竞争优势［M］. 李明轩，邱如美译. 北京：华夏出版社，2002.

［44］桑德拉·庞塞特. 中国市场正在走向"非一体化"？——中国国内和国际市场一体化程度的比较分析［J］. 世界经济文汇，2002（1）：5－19.

［45］田享华，刘梦洁. 城市化跨越启示：亟待制度改革创新［N］. 第

一财经日报，2012 – 10 – 09.

[46] 汪和建．就业歧视与中国城市的非正式经济部门 [J]．南京大学学报（哲学·人文科学·社会科学版），1998（1）：131 – 141.

[47] 魏万青．户籍制度改革对流动人口收入的影响研究 [J]．社会学研究，2012（1）：152 – 173.

[48] 肖金成．长三角城市群一体化与高铁网络体系建设 [J]．发展研究，2014（5）：8 – 12.

[49] 熊彼特．经济周期循环论 [M]．叶华编译．北京：中国长安出版社，2009.

[50] 熊彼特．经济发展理论 [M]．邹建平译．北京：中国画报出版社，2012.

[51] 谢千里，罗斯基，张轶凡．中国工业生产率的增长与收敛 [J]．经济学，2008，7（2）：809 – 826.

[52] 姚士谋，周春山，王德，修春亮，王成新，陈明星等．中国城市群新论 [M]．北京：科学出版社，2016.

[53] 姚先国，赖普清．中国劳资关系的城乡户籍差异 [J]．经济研究，2004（7）：82 – 90.

[54] 余泽江，钟昌标．高铁开通对区域经济增长差距的影响——基于贸易成本的视角 [J]．中国发展，2020（5）：72 – 82.

[55] 王建．九大都市圈区域经济发展模式的构想 [J]．宏观经济管理，1996（10）：21 – 24.

[56] 王美艳，蔡昉．户籍制度改革的历程与展望 [J]．广东社会科学，2008（6）：19 – 26.

[57] 王珊．小城镇兴衰简史 [J]．中国新闻周刊，2017（27）：25 – 27.

[58] 韦伯．工业区位论 [M]．北京：商务印书馆，1997.

［59］吴敬琏．制度高于技术——论发展我国高新技术产业［J］．决策咨询通讯，1999（4）：54－57．

［60］吴敬琏．农村剩余劳动力转移与"三农"问题［J］．宏观经济研究，2002（6）：5－8．

［61］吴敬琏．当代中国经济改革［M］．上海：上海远东出版社，2004．

［62］吴敬琏．改革大道行思录［M］．北京：商务印书馆，2017．

［63］杨巧，陈诚．房价会影响人口迁移吗？［J］．经济与管理，2018，264（5）：44－50．

［64］杨瑞龙．我国制度变迁方式转换的三阶段论——兼论地方政府的制度创新行为［J］．经济研究，1998（1）：5－12．

［65］于洪俊．城市地理概论［M］．合肥：安徽科学技术出版社，1983．

［66］张晏，龚六堂．分税制改革、财政分权与中国经济增长［J］．经济学（季刊），2005，5（1）：75－108．

［67］中国营养学会．中国居民膳食指南（2019）［R］．北京：国家卫生健康委员会，2019．

［68］周黎安．晋升博弈中政府官员的激励与合作——兼论我国地方保护主义和重复建设问题长期存在的原因［J］．经济研究，2004，39（6）：33－40．

［69］周黎安．中国地方官员的晋升锦标赛模式研究［J］．经济研究，2007，42（7）：36－50．

［70］周黎安，陶婧．政府规模、市场化与地区腐败问题研究［J］．经济研究，2009，44（1）：57－69．

［71］邹至庄．中国的资本形成与经济增长［J］．数量经济技术经济研究，1995（3）：35－43．

［72］邹至庄，曹祖平．中国经济转型［M］．北京：中国人民大学出版

社，2005.

[73] Benhabib J. , Spiegel M. The Role of Human Capital in Economic Development: Evidence from Aggregate Cross – Country Data [J] . Journal of Monetary Economics, 1994 (34): 143 – 173.

[74] Benhabib J. , Spiegel M. Human Capital and Technology Diffusion [J]. Working Paper Series, 2002.

[75] Borjas G. J. The Economics of Immigration [J] . Journal of Economic Literature, 1994 (32) .

[76] Borjas G. J. , Katz L. F. Searching for the Effect of Immigration on the Labor Market [J] . NBER Working Papers, 1996, 86 (2): 246 – 251.

[77] Borjas G. J. The Labor Demand Curve is Downward Sloping [J] . Quarterly Journal of Economics, 2003, 118 (4): 1335 – 1374.

[78] Borjas G. J. , Katz L. F. The Evolution of the Mexican – Born Workforce in the United States [DB] . Mexican Immigration to the United States, NBER Chapters, 2007: 13 – 56.

[79] Card D. Immigrants Inflows, Native Outflows, and the Labor Market Impacts of Higher Immigration [J] . Journal of Labor Economics, 1997, 2 (2): 22 – 64.

[80] Chan K. W. One Country, Two Systems: Rural – Urban Dualism in the PRC [M] //Wu H. PRC Political Economy: Prospects under Jiang Zemin, Tainan: Graduate Institute of Political Economy, National Cheng Kung University, 1999.

[81] Charney I. , Palgi M. Interpreting the Repopulation of Rural Communities: The Case of Private Neighborhoods in Kibbutzim [J] . Population Space and Place, 2014, 20 (7): 664 – 676.

[82] Converse P. D. New Laws of Retail Gravitation [J] . Journal of Market-

ing, 1949, 14 (3): 379 – 384.

[83] Daniel A. B. , Fernando S. G. The Validity of the Homocentric City Model in a Polycentric Age: US Metropolitan Areas in 1990, 2000 and 2010 [J] . Urban Geography, 2014, 35 (7): 980 – 997.

[84] Field G. S. Place to Place Migration: Some New Evidence [J] . Review of Economic and Statistics, 1979, 61 (1): 21 – 32.

[85] Geertz C. Agricultural Involution: The Process of Ecological Change in [J] . Population Studies, 1965, 18 (3): 599 – 600.

[86] Gottmann J. Megalopolis: The Urbanized Northeastern Seaboard of the United States [M] . New York: Twentieth Century Fund, 1961.

[87] Hirschman A. Interregional and International Transmission of Growth [J] . Reviews of Economics and Statistics, 1958 (55): 204 – 213.

[88] Hodgson G. M. The Approach of Institutional Economics [J] . Journal of Economic Literature, 1998, 36 (1): 166 – 192.

[89] Imbens G. W. , Rubin D. B. , Sacerdote B. I. Estimating the Effect of Unearned Income on Labor Earnings, Savings, and Consumption: Evidence from a Survey of Lottery Players [J] . American Economic Review, 2001, 91 (4): 778 – 794.

[90] Jordi, Caballé, Manuel S. Santos. On Endogenous Growth with Physical and Human Capital [J] . Journal of Political Economy, 1993, 101 (6): 1042 – 1067.

[91] Kolstad C. D. , Wolak F. A. Competition in Interregional Taxation: The Case of Western Coal [J] . Journal of Political Economy, 1983, 93 (3): 443 – 460.

[92] Lucas R. E. Life Earnings and Rural – Urban Migration [J] . Journal of

Political Economy, 2004, 112 (S1): 29.

[93] Marshall J. D. Urban Land Area and Population Growth: A New Scaling Relationship for Metropolitan Expansion [J]. Urban Studies, 2007, 44 (10): 1889 – 1904.

[94] Neal Z. P. From Central Places to Network Bases: A Transition in the U. S. Urban Hierarchy, 1900 – 2000 [J]. City & Community, 2011, 10 (1): 49 – 75.

[95] North D., Thomas R. The Rise of the Western World [M]. Cambridge: Cambridge University Press, 1976.

[96] Oates, Wallace E. The Effects of Property Taxes and Local Public Spending on Property Values: An Empirical Study of Tax Capitalization and the Tiebout Hypothesis [J]. Journal of Political Economy, 1969, 77 (6): 957 – 971.

[97] Parente S. L., Prescott E. C. Barriers to Technology Adoption and Development [J]. Journal of Political Economy, 1994, 102 (2): 298 – 321.

[98] Potter A., Watts H. D. Evolutionary Agglomeration Theory: Increasing Returns, Diminishing Returns and the Industry Life Cycle [J]. Journal of Economic Geography, 2011, 11 (3): 417 – 455.

[99] Porter M. E. Competitive Strategy: Techniques for Analyzing Industries and Competitors [J]. Social Science Electronic Publishing, 1980 (2): 86 – 87.

[100] Porter M. E. Competitive Advantage: Creating and Sustaining Superior Performance: With a New Introduction [M]. New York: Simon & Schuster, 2004.

[101] Samuelson P. A. The Transfer Problem and Transport Costs: The Terms of Trade When Impediments are Absent [J]. The Economic Journal, 1952, 62 (246): 278 – 304.

[102] Smeed R. J. The Effect of Some Kinds of Routing Systems on the

Amount of Traffic in Central Areas of Towns ［J］. Journal of the Institution of Highway Engineers, 1963, 10 （1）: 5 – 26.

［103］Solow R. M. A Contribution to the Theory of Economic Growth ［J］. Quarterly Journal of Economics, 1956 （1）: 65 – 94.

［104］Solow R. M. Technological Change and the Aggregate Production Function ［J］. The Review of Economics and Statistics, 1957, 39 （3）: 312 – 320.

［105］Spolaore E. , Wacziarg R. Long – Term Barriers to Economic Development ［J］. CAGE Online Working Paper Series, 2013, 2: 121 – 176.

［106］Starrett D. On the Method of Taxation and the Provision of Local Public Goods: Reply ［J］. American Economic Review, 1982, 72 （4）: 852 – 853.

［107］Tabuchi T. , Thisse J. F. A New Economic Geography Model of Central Places ［J］. Journal of Urban Economics, 2011, 69 （2）: 240 – 252.

［108］Takahashi T. Agglomeration in a City with Choosy Consumers under Imperfect Information ［J］. Journal of Urban Economics, 2013, 76 （7）: 28 – 42.

［109］Tiebout C. M. A Pure Theory of Local Expenditure ［J］. Journal of Political Economy, 1956, 64 （5）: 416 – 424.

［110］Tinbergen J. Shaping the World Economy: Suggestions for an International Economic Policy ［M］. New York: Twentieth Century Fund, 1962.

［111］Vedder G. R. K. Emigration from the United Kingdom to the United States: 1860 – 1913 ［J］. The Journal of Economic History, 1971, 31 （4）: 885 – 897.

［112］Viladecans – Marsal E. Agglomeration Economies and Industrial Location: City – Level Evidence ［J］. Journal of Economic Geography, 2004, 4 （5）: 565 – 582.

［113］Wicksell J. , Lindahl E. R. Selected Papers on Economic Theory ［M］.

Cambridge：Harvard University Press，1958.

［114］ Yaohui Zhao. Labor Migration and Earnings Differences：The Case of Rural China ［J］. Economic Development and Cultural Change，1999，47（4）：767－782.

后　记

怎样才能有效推进市场化改革，首先在区域内实现地区、产业和人之间的均衡。

本书选择了一个以人为中心的视角。

在很多有关经济活动的研究中，人都是作为生产要素被纳入分析模型中，人的主观意愿则较少被提及。

但是，人又何其重要。当我们看到城市日渐膨胀，看到企业迫于政策压力，在中心城市周边地区设立办事处和分支机构，人却仍然留在中心城市；看到被疏解企业公布搬走的决定之后，员工为了留在中心城市纷纷提出辞职；看到很多高级技术人才为了留在发达城市从事明显低于自己能力的工作、拿着低于人力资本输出的工资……我们暂且不论人的主观意愿是否被听见，即使是为了实现经济目标，"以业控人"的政策也没有达到预期效果。

所以说，行政的力量终归有限。即便这一次"以业控人"的目标达到了，那下一次呢？

人是有脚的，资本是趋利的，只要不在地区之间竖起砖石与城墙，城市膨胀还会卷土重来。

时至今日，我们都应当承认，市场才是配置资源最有效的手段。无论环境发生怎样的变化，只有在市场作用下，各种资源才能在自由流动中达到要素配置的最优解。

"流水不腐，户枢不蠹。"行政力量所要做的，应当是为要素流动营造合适的环境，让资源心甘情愿地去流向回报率最高的地方。

而剩下的，就交给市场吧。

只要还有"区域内"这种提法，市场化就仍然在路上。

要感谢的人太多。

感谢读者能注意到这本思考笔记，但愿能让您有所收获。既然是讨论，就一定会有未尽和争议之处，或许有些许错漏。感谢各位读者的宽容，如有批评指正，更是求之不得，我在此一并谢过了。

感谢经济管理出版社博鼎分社的杨国强社长及出版团队，感谢各位编辑老师为此书问世所做的努力，感谢大家的辛勤付出。

最后，祝我们的祖国繁荣昌盛，国泰民安。